Carl van Drey, Toyohiko Kagawa – ein Samurai Jesu Christi

CARL VAN DREY

Toyohiko Kagawa –
ein Samurai Jesu Christi

EVANGELISCHER MISSIONSVERLAG
IM CHRISTLICHEN VERLAGSHAUS GMBH
STUTTGART

Bücher mit diesem Zeichen wollen aktuell und biblisch
Christus bezeugen.

ABCteam-Bücher erscheinen in folgenden Verlagen:

Aussaat- und Schriftenmissions-Verlag Neukirchen
R. Brockhaus Verlag Wuppertal
Brunnen Verlag Gießen (und Brunnquell Verlag)
Christliche Verlagsanstalt Konstanz
(und Friedrich Bahn Verlag / Sonnenweg Verlag)
Christliches Verlagshaus Stuttgart
(und Evangelischer Missionsverlag)
Oncken Verlag Wuppertal

© 1988 Evangelischer Missionsverlag im
Christlichen Verlagshaus GmbH, Stuttgart
Umschlaggestaltung: Erich Augstein, Gießen
Gesamtherstellung: Druckhaus West GmbH, Stuttgart
ISBN 3-7675-2405-8

Inhalt

Danken

möchte ich allen, die mir bei der Herstellung dieses Buches geholfen haben:
Herrn Klaus Loscher, der von Anfang an beratend zur Seite stand;
Frau Umeko Kagawa-Momii, die manche Anregung gab und bisher unveröffentlichtes Arbeitsmaterial zur Verfügung stellte;

aber auch all denen, die mich während der Arbeit an diesem Buch konstruktiv begleitet haben.

Vorwort

Als Toyohiko Kagawa Deutschland nach den verheerenden Verwüstungen des Zweiten Weltkriegs besuchte, sagte er:
>»Deutschland wurde zwar im Krieg besiegt,
>aber der Geist Martin Luthers stirbt nie.«

Japan hat ebenso wie Deutschland nach dem verlorenen Krieg sehr hart für den Wiederaufbau und die geistige Erneuerung arbeiten müssen.

Es ist wohl ein typisches Zeichen unserer schnellebigen Zeit, daß die jungen Leute von heute kaum noch wissen, wer Kagawa gewesen ist. Deshalb begrüße ich es sehr, daß dieses Buch zur Biographie und dem Lebenswerk meines Vaters zu seinem 100. Geburtstag in Deutschland erscheint. Dazu habe ich gerne eine Anzahl unveröffentlichter Notizen und Beiträge zur Verfügung gestellt. Toyohiko Kagawa wird von vielen asiatischen Christen wie ein moderner Heiliger verehrt. Die Spuren seiner rastlosen Tätigkeit sind auch heute noch erkennbar. Die Arbeitervereinigungen Japans gehen auf seine Bemühungen ebenso zurück wie die Landwirtschaftsreformen und die umfangreiche Genossenschaftsbewegung. Aber auch in der christlichen Missionsarbeit und als Autor zahlreicher Bücher ist Kagawa tätig gewesen.

Mit dem Erscheinen dieses Buches verbinde ich den Wunsch für ein besseres Verständnis Japans und seiner Geschichte bei den deutschen Lesern. Vielleicht wird sich durch diese Veröffentlichung auch das Bild Japans bei denen verändern, die in ihm nur eine wirtschaftliche Großmacht sehen.

In Japan hat es einen Jünger Jesu gegeben – Toyohiko Kagawa –, der durch persönliche Opfer und sein klares Glaubenszeugnis in der Nation der Samurais christliche Nächstenliebe verwirklichte.

Rev. Umeko Kagawa-Momii

Entwicklung des Christentums in Japan

Die großen Entdecker des Mittelalters, die ferne Länder durchquerten und wilde Meere durchpflügten, veränderten schlagartig das Weltbild des Abendlandes. Ungeahnte Perspektiven zeichneten sich ab, grundverschiedene Kulturkreise stießen dabei erstmals aufeinander. Zunächst gründete man an günstigen Plätzen Handelsniederlassungen; und nur wenig später stiegen mit den Kaufleuten auch schon Missionare an Land, um den Fremden Christus zu bezeugen.

Die erste Begegnung zwischen Europäern und Japanern erfolgte im Jahre 1532, als ein Schiff portugiesischer Kaufleute auf dem Weg nach China im Sturm leck schlug und vor der Insel Tangegashima südlich Kyūshū strandete. Erst elf Jahre später kam es zum erneuten Zusammentreffen, als eine portugiesische Mannschaft unter der Führung von Mendez Pinto auf einer japanischen Insel landete.

Seine Besatzung war von der japanischen Gastfreundschaft derart angetan, daß sie den Einheimischen zum Abschied ein Gewehr schenkte. Eine derartige Waffe kannten die bis dahin mit Schwertern und Lanzen kämpfenden Inselbewohner noch nicht. Neugierig zerlegten sie das Gewehr und bauten neue nach. Diese ersten Berührungen zwischen den beiden Kulturkreisen blieben in der von inneren Machtkämpfen gezeichneten Hauptstadt Kyōto vorläufig unbemerkt.

Christliche Missionare kommen nach Japan

Der Baske Francisco de Jassu y Xavier – genannt Franz Xavier – gilt als der bedeutendste Missionar im Fernen Osten. Zunächst arbeitete er mehrere Jahre in Indien. Während seines dortigen Aufenthaltes stellte ihm im Dezember 1547 der portugiesische Kapitän Jorge Alvares in Malakka, auf der malayischen Halbinsel, drei entflohene Japaner vor. Schon bald interessierte sich Franz Xavier für sie und lernte von dem ehemaligen Samurai

Anjirō etwas Japanisch, obwohl diese Sprache unter den portugiesischen Seeleuten des 16. Jahrhunderts als Sprache der Dämonen galt. Daneben erfuhr der Jesuit Franz Xavier von dem Samurai auch viel über die Menschen, ihre Sitten und Religionen auf der von den Spaniern einst »Argentana« und von Marco Polo »Zipangu« genannten Insel. »Zipangu ist eine Insel in der hohen See gegen Osten. Ihr Umfang ist sehr groß. Die Einwohner sind von heller Farbe, wohlgestaltet und von guten Sitten. Sie sind Götzendiener und von niemandem abhängig.« Mit diesen Worten beschrieb der Venezianer Marco Polo den Europäern im Jahre 1298 erstmals das Land der aufgehenden Sonne.

Die schon lange in Franz Xavier keimende Ungeduld über die herbeigesehnten, aber nur spärlich erzielten Missionierungserfolge brachte er schließlich in einem Brief an Johann III., König von Portugal, zum Ausdruck: »Ich habe erkennen müssen, daß Eure Majestät über nicht genügend Macht verfügt, um das Vertrauen in Christus in Indien zu verbreiten...; weil dem so ist, begebe ich mich nach Japan, um nicht noch mehr Zeit zu verlieren.«

Am 15. August 1549 landete Franz Xavier mit den inzwischen von ihm getauften drei Japanern und zwei weiteren Ordensmitgliedern in der Hafenstadt Kagoshima auf Kyūshū. Bald danach begannen sie in den Städten Kagoshima, Hirado und Yamaguchi erste christliche Gemeinden zu gründen. Im Jahre 1550 unternahm er seine einzige Erkundungsreise in die damalige Hauptstadt Kyōto und hielt sich dort etwa zehn Tage auf; doch bis zum damals regierenden Tenno[1] Nara konnte er dabei nicht vordringen.

Sein Antrittsbesuch beim mächtigen Daimyo[2] Yamagushi wurde dagegen ein voller Erfolg. Dies war nicht so sehr auf die mitgeführte Grußbotschaft des Papstes als vielmehr auf die zahlreichen Geschenke zurückzuführen. Ein eifriger Hofchronist hielt dazu fest: »Eine Uhr, die zwölfmal am Tag und zwölfmal in der Nacht schlägt; ein Musikinstrument, das, ohne daß man es berührt, wunderbare Klänge von sich gibt[3]; Gläser

Francisco De Xavier landet in Japan

für die Augen, mit deren Hilfe ein Greis ebenso scharf sehen kann wie ein junger Mann«.

Als der Daimyo Franz Xavier fragte, womit er seine Dankbarkeit ausdrücken könne, antwortete dieser, daß er darum bitte, seine neue Glaubenslehre in öffentlicher Predigt vortragen und diejenigen seiner Zuhörer taufen zu dürfen, die es wünschten. Diesen für einen japanischen Fürsten etwas sonderbaren Wunsch glaubte er jedoch ohne Bedenken erfüllen zu können, denn Xavier schien ihm das Christentum wohl als eine Abart der buddhistischen Lehre erklärt zu haben. Von äußerlichen Ähnlichkeiten beider Religionen hat er auf deren innere Verwandtschaft geschlossen; die Unterschiede dürften ihm erst später aufgegangen sein.

Erste Schwierigkeiten in der Missionsarbeit

Über die Schwierigkeiten seiner Missionsarbeit berichtete Franz Xavier in einem seiner Briefe: »Die Japaner lassen sich durch unsere Lehre nicht so leicht beeindrucken, selbst die einfachen Leute hier – Bauern, Fischer und kleine Landbesitzer – fragen viel. Die Gespräche mit Höherstehenden, insbesondere mit den buddhistischen Bonzen, stellen hohe Anforderungen an das Wissen und die Kunst zu diskutieren. Die Bonzen versuchen herauszufinden, wie vernünftig meine Antwort ist und wie weit mein Wissen reicht. Alle beobachten meinen Lebenswandel, um zu sehen, ob mein tägliches Tun und meine Worte miteinander im Einklang stehen. Länger als ein halbes Jahr haben sie mich ausgefragt und beobachtet. Erst danach waren einige der Heiden bereit, sich unsere Lehre anzuhören.«

Daher schrieb Franz Xavier in einem seiner nachfolgenden Briefe, daß alle nachkommenden Missionare am besten die gesamte Ausbildung der Sorbonne haben sollten. Nur so wären sie den Diskussionen der buddhistischen Bonzen gewachsen, die immer wieder neue Einwände gegen die neue Religion erhoben. So wollten sie z. B. wissen, wie Gott barmherzig, gut und allmächtig sein könne, wenn er doch die Hölle erschaffen habe und durch seine Bestimmung dem Menschen nicht enden wollende Qualen auferlege. Warum aber das Christentum den Selbstmord verabscheute, verstanden die Japaner überhaupt nicht, galt doch bei ihnen Harakiri oder Sappuku als eine hohe Tugend. Im Handbuch für die Samurai, dem Hagakure, finden sich dazu die folgenden Zeilen: »Ich bin der Meinung, zur Gesinnung des Samurai gehört die Bereitschaft zum Sterben. Erst wer die Probleme des Sterbens überwunden hat, ist ein wahrer Samurai.«

Da die Missionare zunächst keine allzu großen Erfolge bei ihrer Evangelisation erzielen konnten, versuchten sie nun, das Interesse der Japaner auf den Handel zu lenken. So schickte 1551 Franz Xavier einen Brief an den portugiesischen Gouverneur von Goa mit der Bitte, viele Handelsschiffe nach Kagoshima zu senden. Dies geschah dann auch, und in den Sekretariats-Annalen des Daimyos von Hirado findet sich folgender, auf das Jahr 1558 datierter Eintrag: »Die schwarzen Schiffe der südlichen Barbaren kamen regelmäßig zu uns und brachten viele kostbare Dinge aus den südlichen Ländern und aus China. Kaufleute aus Kyoto und Sakai versammelten sich in unserer Stadt. Alle sagten, unsere Stadt sei zur Hauptstadt des Westens geworden – so groß war die Betriebsamkeit am Hafen. Aber mit den gleichen schwarzen Schiffen waren auch merkwürdig anzusehende buddhistische Mönche zu uns gekommen, die sich der Kirishitan-Sekte (= Christen) zurechneten und die unsere alten Shinto-Schreine und buddhistischen Tempel verspotteten. Wir haben dann gesehen, daß die Japaner, die Kirishitan wurden, von den Mönchen übermäßig reiche Geschenke erhielten. Viele, die gierig nach Geschenken waren, wurden deshalb Kirishitan. Unser Herr, der Daimyo, wurde aber nicht Kirishitan. Daraufhin kamen bald auch die schwarzen Schiffe nicht mehr in unseren Hafen, sondern segelten dorthin, wo ein anderer Daimyo Kirishitan geworden war.«

Während Xavier in Indien noch als demütiger Pater auftrat, der bescheiden in einer Zelle lebte, nahm er »hinter der Maske des Stolzes« (Xavier über Xavier) die japanische Herausforderung der geistigen Auseinandersetzung an. Zahlreiche Gesprächspartner wußte er durch sein Wissen und seine Bildung zu verblüffen, und daher wuchs langsam sein Ansehen bei den Einheimischen. Hierzu war es wichtig, daß er frühzeitig zwei Eigenarten der Japaner erkannte und auch ausnutzte: erstens, Demut gilt als Schwäche und zweitens, »nur weil sie glaubten, daß wir Gelehrte seien, waren sie bereit, unsere Reden über die Religion anzuhören«.

Doch von der Widerstandskraft der Japaner gegen den christlichen Glauben und von der Tatsache, daß es in Japan im Gegensatz zum christlichen Europa weniger Verbrecher und fast keinen Diebstahl gab, zeigte sich Franz Xavier tief beeindruckt. Einmal erklärte er dazu, daß »die Japaner, was Tugend und Rechtschaffenheit betrifft, alle bis dahin bekannten Völker übertreffen!« So gelang es den Missionaren vorerst nicht, eine größere Anzahl Japaner zum Christentum hinzuführen. Der Grund des Scheiterns lag vor allem in dem stark ausgeprägten Loyalitätsverhältnis von Herr und Diener, von Vater und Sohn und von Lehrer und Schüler, das im konfuzianistischen Glauben tief verankert ist.

Das ist wohl mit ein Grund dafür, daß Franz Xavier im Jahre 1552 Japan in Richtung China verließ, denn »China muß gewonnen werden, wie einst das Römische Reich«. Diese Erkenntnis hatte er aus seinen vielen Gesprächen mit gebildeten Japanern erlangt. Sie alle erklärten ihm höflich, aber bestimmt, daß sein Christentum nicht viel wert sein könne, da die Chinesen es mit keinem Wort erwähnten. Was von den Chinesen nicht geprüft und für gut empfunden worden sei, habe für Japan keinen Wert.

Franz Xavier sollte bei seiner Reise jedoch nicht bis ins »Reich der Mitte« gelangen. 46jährig verstarb der Jesuit Franz Xavier, der Schutzheilige aller katholischen Heidenmissionen, auf der Insel Sancia (San-Choan) im Golf von Kanton. Nach seiner Abreise führten die Missionstätigkeit in Japan zunächst Cosme de Torres (bis 1570) und dann Francisco Cabral (bis 1581) fort.

Den wenigen Missionaren gelang es nun auch, endgültig auf der Südinsel Kyūshū Fuß zu fassen. Mitentscheidend hierfür war wohl, daß sie es schafften, einige Daimyo zum Christentum zu führen. Der erste war Ōmura Sumitada (1563), der den Namen Don Bartolomeo annahm; ihm folgten dann die Daimyo Ōtomo Yoshishige (1578) und Arima Harunobu (1580). Es ist jedoch auf die Verknüpfung von geistig-religiösen mit handels-politischen Interessen hinzuweisen, die dabei eine sehr wichtige Rolle spielten. Unter dem Einfluß der christlichen Daimyo nahmen nun auch viele ihrer Untertanen aus Loyalität den Glauben an. Cuius regio, eius religio (Wessen das Land, dessen die Religion). – Daß in Europa bereits die Gegenreformation in vollem Gange war, verschwieg man zunächst wohlweislich. Erst nahezu 20 Jahre später sollten die Japaner von der tatsächlichen religiösen Lage in Europa erfahren.

Über die ersten 20 Jahre missionarischer Tätigkeit in Japan gibt es von japanischer Seite – im Gegensatz zu den ausführlichen Berichten der Jesuiten – keine zusammenhängenden Aufzeichnungen. Allerdings ist hinzuzufügen, daß die »Gesellschaft Jesu« lediglich positive Missionsberichte freigab; Nachrichten über Mißstände, menschliches Versagen und Irrtümer hielt man möglichst zurück.

Im Jahre 1560 kauften die Jesuiten in Kyōto einen halb verfallenen buddhistischen Tempel und bauten ihn in eine christliche Kirche um. Innerhalb von nur sechs Jahren erregten sie dann dort aufgrund ihres aggressiven Auftretens gegenüber buddhistischen Kreisen einen derartigen Wirbel, daß der Tenno einen Erlaß herausgab, demzufolge alle Jesuiten unverzüglich die Stadt zu verlassen hätten. Sie folgten der Aufforderung, gingen nach Sakai und blieben die folgenden acht Jahre dort. Ihre Kirchen in Kyōto blieben ihnen erhalten; niemand enteignete sie.

Eine kleine Gruppe fanatischer Christen begann währenddessen auf Kyūshū unter Leitung von Francisco Cabral verschiedene Shinto-Schreine und buddhistische Tempel anzuzünden. Sie brauchten allerdings keinen Widerstand zu fürchten, da der buddhistische Orden auf dieser Insel nicht sehr stark vertreten war, der ihrem Treiben hätte Einhalt gebieten können. Die Gefühle des nichtchristlichen Volkes für Heiligkeit und Unantastbarkeit der Schreine und Tempel verletzten sie dabei aber tief. Schließlich erhob es sich in Yokose und zerstörte die im Hafen für die portugiesischen Schiffe errichteten Anlegestellen und Lagerhäuser. Daraufhin zogen sich die Jesuiten zurück und gründeten im Jahre 1571 ihren eigenen Handelshafen: Nagasaki.

Unerwarteter Wandel: Nagasaki wird den Jesuiten geschenkt

In den folgenden Jahren begannen die Patres nun nach dem ersten Gebot »Ich bin der Herr, dein Gott. Du sollst keine anderen Götter haben neben mir« alles nichtchristliche Empfinden auszulöschen. Bereits im Jahre 1579 wandten sich entsetzt zahlreiche christliche Daimyo, darunter auch Don Bartolomeo, an den obersten Visitator der Gesellschaft Jesu, Allexandro Valignano, der zu seinem ersten Besuch in Japan weilte. Sie baten ihn eindringlich, diesem Treiben endgültig Einhalt zu gebieten, doch ihr Appell blieb ungehört. So ließen die christlichen Patres z. B. in nicht-zwangschristianisierten Gebieten durch ihre japanischen Kirishitan Buddhastatuen, buddhistische sakrale Geräte und Shinto-Symbole entwenden. Die Patres selbst nahmen sowohl an diesen Aktionen als auch an späteren Raubzügen gegen nichtchristliche Territorien nicht teil. Ihren japanischen Christen versprachen sie dafür aber eine angemessene Belohnung. Alle geraubten Gegenstände wurden entweder durch einen mit Weihwasser besprengten Hammer zerschlagen oder hölzerne Gegenstände gespalten und in der Küche der Patres verbrannt. Die Jesuiten berichteten immer wieder, wie außergewöhnlich gut ihnen das Essen geschmeckt habe, das auf einem Feuer aus dem Holz einer zerschlagenen Buddhastatue gekocht worden war.

Für die Ausbildung von japanischen Laienpredigern und des

einheimischen und ausländischen Missionspersonals ließ Allexandro Valignano vier Lehranstalten errichten. Er beabsichtigte, eine wirklich »japanische christliche« Kirche aufzubauen. Er hatte die Beweggründe erkannt, die viele Japaner zur Annahme des christlichen Glaubens bewegten. Daher beurteilte er auch die erfolgte Massenkonversion durchaus kritisch. Er beabsichtigte, das Christentum auf feste Füße zu stellen und die Annahme des christlichen Glaubens aus innerer Überzeugung nach ausreichendem Unterricht zu erreichen. Japaner, die nur aus Loyalität zu ihrem Herrn oder des materiellen Gewinns wegen zum Christentum übertraten, konnten nicht als wahre Christen bezeichnet werden, auch wenn sie alle in den aufgestellten Statistiken erschienen. So zählte man in Südjapan im Jahre 1582 etwa 130 000 Christen.

Als um die Jahreswende 1578/79 der christliche Daimyo Don Protasio in arge Bedrängnis geriet, weil er aus Furcht und Neid von einem nichtchristlichen Daimyo angegriffen wurde, zog jener sich immer tiefer in seine Schloßstadt zurück. Sofort eilte ihm Allexandro Valignano mit einer Flotte portugiesischer Schiffe von Nagasaki aus zur Hilfe und durchstieß den Belagerungsring. Daraufhin rückten die Belagerer wieder ab. Aus Furcht, ein solcher Angriff könnte abermals stattfinden, schenkte Don Bartolomeo 1580 den Jesuiten die Stadt Nagasaki. In der Schenkungsurkunde hieß es, das Besitzrecht gehe für ewig auf die Gesellschaft Jesu über.

Das Christentum breitet sich bis in die Hauptstadt aus

Von all diesen Geschehnissen in der Provinz erfuhr Oda Nobunaga nichts, der als erster Shogun[4] im Jahre 1568 vom Tenno Nara eingesetzt worden war, um in dem zerrissenen Inselreich für Ruhe zu sorgen. Offiziell galt noch das frühere Verbot, das die Jesuiten aus der Hauptstadt Kyōto auswies. Dennoch waren hier schon längst wieder zwei Patres untergetaucht. Einer von ihnen war Luis Frois, der sich als eifriger Chronist der ersten

Jahrzehnte der jesuitischen Missionsarbeit einen Namen machte und später ein Buch über die japanische Geschichte schrieb (Historia do Japao). Während seiner Audienz bei Nobunaga erhielt er auch die heiß ersehnte Genehmigung für die Missionstätigkeit. Der Shogun gewährte den christlichen Patres sogar seinen persönlichen Schutz. In einer Bekanntmachung schrieb er, niemand dürfe deren Tätigkeit stören oder behindern. Bemerkenswert ist die Anrede, die er für sein offizielles Schreiben wählte: »An diejenigen, die sich christliche Patres nennen und die wahre Lehre zu besitzen glauben.« Durch dieses Wohlwollen den Christen gegenüber zog sich Oda Nobunaga den Haß der Buddhisten zu, der ständig kriegerische Auseinandersetzungen hervorrief. Im September 1571 gab er dann den von seinen Widersachern nicht für möglich gehaltenen Befehl, die gesamten buddhistischen Tempelanlagen auf dem Berg Hiei zu stürmen und dem Erdboden gleichzumachen. (Hier standen drei Pagoden, 16 Tempelanlagen und mehr als 3000 Mönchsbehausungen.)

Die Patres wußten das Wohlwollen dieses ersten Shoguns zu schätzen, und so schrieb Luis Frois an seinen Orden: »Kyōto ist die Hauptstadt des japanischen Götzenkultes. Hier sind die Teufelsdiener besonders zahlreich und aktiv. Sie stören unsere Arbeit. Aber Gott hat gewollt, daß Nobunaga, der mächtigste aller Daimyo, uns beschützt und uns gegen die Bonzen verteidigt.«

Die Patres gingen mit ihren buddhistischen Erzfeinden in Kyōto viel vorsichtiger um als auf Kyūshū. Sie schonten ihre Glaubensgegner zwar nicht mit Worten, zügelten aber ihr direktes Vorgehen. Dies hätte ihnen auch nur mehr Schaden als Nutzen gebracht. So traten die Jesuiten immer wieder als die reine Inkarnation geistiger Tugenden auf, was die Stadtbewohner sehr stark beeindruckte. Sie kannten von den buddhistischen Mönchen bisher nur deren Machtgier und deren Neigung zu einem recht weltlichen Lebenswandel mit Sinn für Luxus und Frauen. Die Patres hingegen, denen der Flair der weiten Welt anhaftete, schafften es nach und nach, in Kyōto Fuß zu fassen. Sie weihten vier weitere Kirchen und eröffneten ein Seminar und ein Kolleg. Ihr glühender Wunsch, Nobunaga zur Annahme des christlichen Glaubens bewegen zu können, erfüllte sich jedoch nicht, wenngleich er seine Kinder zu den Patres in den Unterricht schickte.

Im Sommer 1582 entsandte Oda Nobunaga seinen besten General, Toyotomi Hideyoshi, zu einem Feldzug gegen den Daimyo von Hiroshima, der sich noch immer der neuen Ordnung widersetzte. Als der General weitere Verstärkung anforderte, schickte ihm der Shogun General Mitsuhide. Doch im Schutz der Nacht kehrte dieser zurück und erhob die Waffen gegen den 49jährigen Nobunaga. Oda Nobunaga konnte den Ansturm gegen die Stadtresidenz mit seinen wenigen Leuten nicht aufhalten. So legte er schließlich Feuer im Inneren des Hono-Tempels und kämpfte bis zum bitteren Ende, ehe die tödlichen Flammen ihn selbst ergriffen. Luis Frois schrieb hierzu: »Mitsuhide ist ein Freund der Bonzen und dem Götzendienst ergeben. Er haßt uns und unsere heilige Lehre.«

Allerdings hatte Mitsuhide die Zeichen der Zeit falsch gedeutet. Niemand wollte mehr in die alte Zeit zurück. Die Bewohner von Kyoto erhoben sich fast zu einem Aufstand, nachdem sie von Nobunagas gewaltsamem Tod erfuhren. Als Hideyoshi mit seinen Truppen zurückkehrte, flüchtete Mitsuhide; 13 Tage später wurde er nach kurzem Kampf auf der Flucht getötet. Nun trat Hideyoshi die Nachfolge Nobunagas an; aber fortan sollten sich die Beziehungen zu den christlichen Patres stetig verschlechtern.

Zunächst war der neue Shogun den christlichen Patres friedlich gesonnen und erlaubte ihnen, ihre zerstörten Kirchen in Hakata neu aufzubauen. Aber noch während seines Aufenthaltes auf der Insel Kyushu forderte er von allen umliegenden Daimyo und Repräsentanten Berichte an. Dadurch gewann Hideyoshi erstmals Einblick in die Hintergründe der dort schon so lange schwelenden Unruhen, die sein Eingreifen letztlich erforderten. Nun erst erfuhr er, daß die Stadt Nagasaki samt Umland und der darin lebenden Menschen gar nicht mehr japanisch war, sondern sich schon seit über sieben Jahren im verbrieften Besitz des Jesuitenordens befand. Entsetzt erfuhr er auch vom Sklavenhandel, der über Nagasaki abgewickelt wurde. Fast jedes portugiesische Schiff, das seine Waren in Japan gegen Silber eintauschte, besaß bei der Rückkehr noch reichlich leeren Laderaum. Die Portugiesen nutzten ihn, um Kinder, meist zwölf- bis vierzehnjährige Mädchen, die sie über japanische Mittelsmänner von armen Bauern im Landesinneren gekauft hatten, außer Landes zu bringen. Singend zogen die Kinder in langen Kolonnen nach Nagasaki, dem Zentrum des Christentums, verschwanden dort in den dicken Bäuchen der schwarzen Schiffe und wurden dann unter Deck angekettet. Wie viele es insgesamt waren, ist nicht genau bekannt, Schätzungen belaufen sich auf 30 000 bis 40 000. Aber nur ein Bruchteil von ihnen kam lebend in den portugiesischen und spanischen Kolonien an.

Über diese Vorgänge zutiefst entsetzt, entsandte Hideyoshi noch in der Nacht einen Boten an den Vize-Provinzial und forderte ihn auf, unverzüglich eine Erklärung darüber abzugeben, warum die Missionare in den Gebieten der christlichen Daimyo alle Einwohner zum christlichen Glauben zwangen, warum sie die Tempelanlagen und Schreine zerstörten, Mönche und Priester vertrieben, statt mit ihnen in Frieden zu leben, und warum sie es zuließen, daß portugiesische Handelsleute japanische Kinder einkauften und als Sklaven außer Landes brachten.

Die diesbezügliche Antwort des Vize-Provinzials ist erhalten: »Unsere Patres haben Gefahren und fast unvorstellbar große Leiden auf sich genommen, um die weite Reise von Europa nach Japan zu unternehmen. Sie taten es, um den Japanern zu helfen, indem sie ihnen die Lehre Jesu Christi brachten, durch die allein die Erlösung und das ewige Leben möglich sind. Dafür sind unsere Patres gekommen. Sie tun nur ihr Bestes, um den Japanern zu helfen. Es ist nicht ihre Art, Menschen zwangsweise zum Christentum zu bekehren. Niemand von uns hat das je getan. Die Japaner sind ihre eigenen Herren im eigenen Land. Die Patres sind im Vergleich zu ihnen machtlos. Selbst wenn die

Patres es wollten, könnten sie die Japaner doch nicht zwingen, das Christentum anzunehmen. Alles, was die Patres getan haben, ist, den Japanern zu erzählen, daß Gottes Lehre die einzig wahre Lehre ist. Die Japaner sind daher von sich aus Christen geworden und haben selber angefangen, Tempel und Schreine zu zerstören, weil sie erkannt haben, daß von ihnen keine Erlösung kommt. Statt dessen haben sie an den gleichen Orten geheiligte Gotteshäuser errichtet. Daß die portugiesischen Händler japanische Menschen einkauften, kommt daher, daß Japaner sie ihnen zum Kauf anbieten. Die Patres sind tieftraurig darüber und haben alles getan, um dies zu verhindern. Aber sie sind hier machtlos. Da alles von den Heiden ausgeht, dürfte es Eurer Majestät nicht schwerfallen, den Menschenverkauf zu verbieten und mit hohen Strafen zu belegen.«

Das Christentum wird allen anderen Religionen gleichgestellt

Als Hideyoshi dieses Antwortschreiben erhielt, erließ er an zwei aufeinanderfolgenden Tagen, am 18. und 19. Juni 1587, einige Verfügungen, die für die Zukunft Japans entscheidend sein sollten. In der ersten hieß es: »Christ sein kann man nur aus eigener Entscheidung. Weder die buddhistischen Mönche und Priester noch die allgemeine Landbevölkerung dürfen von den Herrschenden zur Annahme des Christentums gezwungen werden, denn dann ist ihre Entscheidung nicht frei. Daimyo und Samurai sind Herren nur auf Zeit, während die Bauern auf ewig an ihre Erde gebunden sind. Es ist strafbar, diese Bauern zu einem Glauben zu zwingen, den sie nicht haben wollen. Die Kirishitan sind vergleichbar mit den Jodo-Anhängern, die nur eigene Tempel duldeten, Steuern nur an ihren Jodo-Orden zahlten, ihre weltlichen Herren vertrieben und ihren Einfluß von den von ihnen beherrschten Gebieten aus auf die benachbarten Gebiete ausdehnten. Während die Jodo-Sekte aber ihre Macht vom einfachen Volke her ausbaute, besteht die Methode der Patres darin, die Oberen zu bekehren und durch sie die Unteren zu zwingen. Das ist noch bedrohlicher. Wessen Einkommen mehr als zweihundert Cho beträgt, muß ab sofort seine Zugehörigkeit zur Kirishitan-Sekte melden. Wer aber aus eigenem Herzen Christ sein oder Christ werden möchte, soll dies auch in Zukunft dürfen. Das Christentum ist allen anderen Religionen gleich.«

Zum Schluß dieses ersten Schreibens ging Hideyoshi noch besonders auf den Sklavenhandel ein: »Es ist in Japan schon längst verboten, Menschenhandel zu treiben. Daß japanische Menschen nach China, Europa und den südlichen Ländern verkauft werden, ist unerhört.« Nach diesem Schreiben glaubten die Patres, ihre letzte Stunde habe geschlagen. Wie verschiedenen Berichten zu entnehmen ist, nahmen sie sich gegenseitig die Beichte ab und bereiteten sich auf den Tod vor.

Plötzliche Wende: Die jesuitischen Missionare werden ausgewiesen

Da kam am nächsten Tag die zweite Verfügung: »Japan ist die Heimat vieler Gottheiten. Es ist nicht gut, aus fremden Ländern eine Lehre zu bringen, die zu diesem Land nicht paßt. Die Patres haben an vielen Orten zahlreiche Japaner zu ihrer Lehre bekehrt und sie dazu veranlaßt, Schreine und Tempel zu verwüsten. Dies ist ein einmaliger Vorgang in der Geschichte unseres Volkes. Deshalb will ich sie hier nicht mehr sehen. Sie sollen innerhalb von zwanzig Tagen das Land verlassen. Wer ihnen bis zu ihrer Abreise ein Leid zufügt, wird streng bestraft. Die schwarzen Schiffe der Fremden sollen uns aber nach wie vor willkommen sein, solange es ihr alleiniges Ziel ist, Handel mit uns zu treiben. Jeder Fremde kann nach wie vor zu uns kommen und sich in unserem Land aufhalten, solange er unsere Gefühle respektiert.«

Als die Jesuiten erkannten, daß ihnen keineswegs der Tod drohte, wurde der Vize-Provinzial bei Hideyoshi vorstellig und erklärte, es sei ihm und den anderen Patres nicht möglich, innerhalb der gesetzten Frist das Land zu verlassen. Sie würden mindestens sechs Monate brauchen, um zur Ausreise bereit zu sein. So gab der neue Shogun erneut nach. Doch die Jesuiten glaubten nicht im Ernst daran, das Land zu verlassen, sie wollten nur Zeit gewinnen. Kaum hatte Hideyoshi Kyūshū verlassen und war nach Kyōto zurückgekehrt, trafen alle Jesuiten sofort zu einer Lagebesprechung in Nagasaki zusammen. Luis Frois schrieb hierzu: »Wir müssen den Heiden und den Bekehrten notfalls mit unserem Blut beweisen, daß unsere Lehre die Wahrheit ist. Wir müssen trotz grausamer Verfolgung von seiten des japanischen Herrschers hier im Lande bleiben. Wir müssen gleichzeitig bemüht sein, den Herrscher nicht zu beunruhigen, indem wir in gewissen Dingen Zurückhaltung üben.«

Nur drei Patres hatten bis zum Jahre 1588 Japan verlassen. Sie waren alle nach China gesegelt, kehrten aber nach kurzer Zeit wieder nach Japan zurück. Den Aufzeichnungen von Luis Frois zufolge weilten zu diesem Zeitpunkt 220 Patres in Japan; drei von ihnen waren in Kyōto untergetaucht, und alle anderen lebten auf Kyūshū. Von japanischer Seite unterließ man jegliche Schritte, um nachzuprüfen, ob die Missionare auch Hideyoshis Verfügung beachteten. Die japanischen Behörden gaben sich damit zufrieden, daß seit Juni 1587 keine weiteren Anschläge auf Tempel und Schreine erfolgten oder fortgesetzte Raubzüge und Zerstörungen gegen Buddhastatuen gemeldet wurden.

In ihren Briefen nach Europa berichteten die Jesuiten in den Jahren 1587/88 von brutalen Verfolgungen und von grausamen Willkürakten gegen sie. Die Patres beschrieben dabei unmenschliche Qualen, die sie ihres Glaubens wegen erleiden müßten, denn die japanische Regierung würde einen regelrechten Glaubenskrieg gegen sie führen. Zu diesem Zeitpunkt war es allerdings verfrüht, von grausamen Verfolgungen zu sprechen. Bisher gab es keine Glaubensverfolgung – kein Missionar wurde getötet, keiner saß im Gefängnis oder stand unter Hausarrest.

Als Folge dieser bewegten Klagen, die die Jesuiten nach Rom

schickten, erhob Papst Sixtus V. im Frühjahr 1588 Japan in den Rang eines Bistums. Im April des gleichen Jahres erklärte Hideyoshi die Schenkung Nagasakis an die Jesuiten für null und nichtig. Die Stadt unterstellte er fortan seiner direkten Kontrolle, und als Vorsichtsmaßnahme setzte der Shogun einen seiner Vertrauten als Gouverneur in der Hafenstadt ein.

Daraufhin sandten die Jesuiten in rascher Folge einige Briefe an den mächtigen König Philipp II. von Spanien und Portugal. Der Brief vom 6. Mai 1588 lautete: »Der Herrscher Japans, der von niederer Herkunft ist und ein verabscheuungswürdiges Leben voller Lust und schmutziger Triebe führt, verfolgt unsere Kirche. Dies gibt Eurer Majestät mehr als genügend Gründe, mit kriegerischen Mitteln gegen diesen Herrscher Japans vorzugehen und ihn zu vernichten.«

Ein anderer Brief wurde noch präziser: »Eure Majestät sollte vor der Landung Kontakt aufnehmen mit unserem christlichen Daimyo Don Protasio, dessen Gebiet als Ausgangspunkt für alle weiteren Operationen gut geeignet ist.«

Auch noch weitere Briefe der Jesuitenpatres nach Spanien sind erhalten. Darin wird immer wieder vorgeschlagen, militärisch gegen Japan vorzugehen. Zu diesem Zweck hatten die Patres auch genaue See- und Landkarten nach Spanien geschickt. Doch im August 1588 sank die mächtige spanische Armada im Ärmelkanal, und so war an eine mögliche Invasion Japans nicht mehr zu denken. Hätte eine Eroberung Japans stattgefunden, gäbe es heute mit großer Wahrscheinlichkeit keine japanischen Dokumente mehr, aus denen sich der Ablauf vor einer Invasion hätte rekonstruieren lassen. Die Welt wäre auf die einseitigen jesuitischen Quellen angewiesen, in denen zu lesen steht, daß die Japaner vom Teufel besessen und grausame Christenverfolger waren.

Von Hideyoshi noch unbemerkt, ergab sich wenig später eine ganz neue Situation, die für die nächsten Jahrzehnte Zündstoff liefern sollte. Plötzlich tauchten über das ganze Land verstreut Dominikaner (1593) und etwas später Franziskaner (1594) auf. Sie kamen vornehmlich als Gesandte des spanischen Statthalters der Philippinen und sagten, sie wollten die Handelsbeziehungen zwischen Japan und den spanischen Besitzungen verbessern. Die Jesuiten erkannten sofort, was beabsichtigt war. Mit den Dominikanern lagen sie ohnehin seit langem in erbitterter Fehde – vordergründig über die Auslegung des Begriffs der göttlichen Gnade.

Im August 1592 besuchte der Dominikaner Copo den Shogun Hideyoshi und unterrichtete ihn bei dieser Gelegenheit über die zahlreichen Jesuiten, die noch immer auf Kyūshū lebten. Daraufhin befahl der Shogun, alle Kirchen in Nagasaki zu zerstören. Obwohl sein Befehl letztlich nicht ausgeführt wurde, teilten die Jesuiten Hideyoshi mit, daß keine portugiesischen Seeleute mehr nach Nagasaki kommen würden, wenn sie als gute Christen nicht die Messe hören und ihre Beichte ablegen könnten. Daher müßten mindestens zehn Patres in Nagasaki bleiben. An diese mögliche Konsequenz hatte der Shogun nicht gedacht. Nochmals ließ er sich umstimmen. In der Folgezeit wurden die Franziskaner bei ihm vorstellig und schwärzten die Jesuiten an, und so intrigierten die verschiedenen Orden gegeneinander.

Inzwischen geschah etwas Unerwartetes. Vor der Küste von Shikoku, bei Tosa, strandete 1596 die mit Waffen beladene spanische Galeone »San Felipe«. Hideyoshi schickte seinen ranghöchsten Mitarbeiter, den Samurai Mashita, an die Unglücksstelle. Vom prahlenden spanischen Navigator Francisco de Sanda erfuhr Mashita, der einen Dolmetscher an seiner Seite hatte, wie es der spanische König geschafft hatte, sein großes Reich aufzubauen: Er sandte zuerst Missionare in ein fremdes Land und wartete ruhig ab, bis ein Teil der Bevölkerung christianisiert war. Dann konnte sein König die Soldaten schicken. Ihnen fiel es nicht mehr schwer, unter Mithilfe der bekehrten Heiden – zusammen mit den Missionaren – das Reich Gottes und die spanische Herrschaft aufzubauen.

Zur Abschreckung werden 26 Christen gekreuzigt

Auf Hideyoshis Befehl hin wurden sofort die in Kyōto und Osaka anwesenden Franziskaner und zwanzig führenden Christen verhaftet. Zur allgemeinen Abschreckung mußten diese 26 Gefangenen die fast 600 km von Kyōto nach Nagasaki im Winter 1596/97 zu Fuß zurücklegen. Dort sollten sie enthauptet werden. Doch sowohl die Jesuiten als auch die portugiesischen Handelsleute machten beim Gouverneur von Nagasaki ihren Einfluß geltend, damit die Hinrichtung nicht auf dem vorgesehenen Richtplatz durch Enthauptung, sondern durch Kreuzigung auf dem Nishizaka-Hügel vollzogen werde.

So kam es dort am 5. Februar 1597 zu einem vorher nie gesehenen makabren Spektakel. Viele der Tausenden von Zuschauern ergriff eine religiöse Ekstase. Kaum waren die 26 Gekreuzigten tot, durchbrachen viele der Anwesenden die Absperrungen, stürzten auf die Kreuze, rissen den Märtyrern die Kleider vom Leib, benetzten sich mit deren Blut und versuchten, Teile von deren Körpern oder Splitter der Holzkreuze als Reliquien zu ergattern. Sie sammelten Steine, auf die Blut getropft war, oder scharrten mit bloßen Händen die Erde zusammen.

Für die nichtchristlichen Japaner war diese Reaktion der Christen unerklärlich. Sie sahen zunächst nur das Abstoßende, nicht die Gefahr. Sie konnten nicht ahnen, daß die Nachricht von der Kreuzigung auf den Philippinen eine Märtyrerhysterie ungeahnten Opfermutes auslösen würde. Ebenso erkannten sie nicht, daß durch diese symbolhafte Art der Hinrichtung ein Mythos geschaffen war, der von jetzt an die Kirishitan in Japan noch enger zusammenschweißte.

Am 8. Juni 1862 verkündete Papst Pius IX.: »Weil diese 26 Märtyrer für unseren heiligen Glauben ihr Leben dahingegeben haben, werden sie heute feierlich heiliggesprochen. Die Gläubigen aller Länder sollen ihre Fürbitte anrufen und sie verehren. Der 5. Februar soll als ihr Gedächtnistag begangen werden.«

Märtyrergedenkstätte[5]

Nach dem Tode Hideyoshis im Jahre 1598 kam im Jahre 1600 ein Mann an die Macht, dessen Geist die nächsten 264 Jahre prägen sollte und dessen Schatten noch heute auf jeder japanischen Seele liegt – Minamoto Tokugawa Ieyasu. Durch den Führungswechsel entstand zunächst ein politisches Vakuum, und es brachen verschiedene Machtkämpfe aus. Dadurch konnte sich das Christentum vielversprechend ausbreiten. Die Jesuiten schrieben im Februar 1599, der Zeitpunkt für einen Angriff auf Japan sei besonders günstig. »Ein katholischer

König muß Japan erobern«, stand in einem der Briefe von Pedro da Cruz.

Im Jahre 1603 wurde Ieyasu vom Tenno zum Shogun berufen. Mit diesem Datum begann offiziell das Tokugawa-Shogunat oder Edo-Bakufu, wobei Ieyasu den Regierungssitz noch im gleichen Jahr von Kyōto nach Edo, dem heutigen Tōkyō, verlegte. Schon zwei Jahre später, auf dem Höhepunkt seiner Macht, zog er sich zurück, um die Regierungsgeschäfte seinem Sohn Hidetada zu übertragen. Aus dem Hintergrund heraus verwaltete er mit ihm zusammen die politischen Geschäfte.

Bis dahin bestand das strikte Verbot der Missionierung. Lediglich den zehn Jesuiten in Nagasaki war es erlaubt, die Handels- und Seeleute der Stadt zu betreuen. Nach dem Willen der Regierung durften keine weiteren Patres mehr im Landesinneren weilen. Tatsächlich lebten dort aber zu Beginn des 17. Jahrhunderts 119. Inzwischen schaltete sich auch der Papst ein und forderte seine japanischen Brüder in Nagasaki 1604 in einer Botschaft auf, unbeirrt am katholischen Glauben festzuhalten und für dessen Verbreitung zu sorgen. Dadurch stieg die Zahl der Patres in Japan bis zum Jahr 1612 rasch auf 250 an.

Die Regierung beschließt Missionierungsverbot für ganz Japan

Ieyasu wünschte mit den Europäern stets eine saubere Trennung von Religion und Handel. Doch die katholischen Mächte Europas glaubten in dieser Zeit des Frühkolonialismus auf die Souveränitätswünsche nichtchristlicher und nichtweißer Völker keine Rücksicht nehmen zu müssen. Deshalb ignorierten sie wohl auch alle von japanischer Seite erlassenen Gesetze, die nach den ersten fünfzig Jahren christlicher Missionstätigkeit der weiteren Ausdehnung des Christentums Einhalt gebieten sollten. Durch den Niederländer Jan Yosten und den englischen Lotsen William Adams, die im Jahre 1600 vor Kyūshū mit ihrer Karavelle »Sea Adventure« gestrandet[6] und seitdem bis in den Rang eines Staatssekretärs für das Ressort Auswärtige Angelegenheiten aufgestiegen waren, erfuhr Ieyasu, welche Rolle das Papsttum in Europa tatsächlich spielte. Er hörte zum ersten Mal von der Reformation und der Gegenreformation und vom Blutbad der Bartholomäusnacht in Paris (24. August 1572).

Als Spione kurz darauf Adams meldeten, daß ein spanisches Schiff an der Küste Vermessungen durchführe, glaubte dieser, die ersten Anzeichen einer möglichen Invasion zu erkennen. Auch der Exshogun Ieyasu wurde mißtrauisch. Er erließ als Vorsichtsmaßnahme im April 1612 das erste Edikt, das alle Missionare in den Städten Edo, Kyōto, Osaka, Sakai und Nagasaki aufforderte, Japan sofort zu verlassen. Ferner sollten alle christlichen Kirchen zerstört werden und alle japanischen Christen entweder ihren angenommenen Glauben ablegen oder Japan verlassen. Etwa eineinhalb Jahre später folgte die zweite Verordnung, in der das Missionierungsverbot auf ganz Japan ausgedehnt wurde.

Ieyasu, der zwölf Jahre nichts gegen die illegal tätigen Missionare unternommen hatte, ließ auf das Christenverbot keine brutale Gewalt oder Grausamkeit folgen. Zunächst veröffentlichte er eine ausführliche schriftliche Begründung, in der er auf die Unvereinbarkeit des nach Alleinherrschaft strebenden Christentums mit der pluralistischen Struktur der Religionsgemeinschaft Japans einging. Wie richtig Ieyasu instinktiv handelte, zeigen die Dokumente christlicher Missionare, die in immer drängenderem Ton die militärische Unterstützung Spaniens anforderten. Mit dieser Maßnahme beugte Ieyasu wohl auch einer möglichen Zerstörung der japanischen Kultur und Souveränität vor.

Als das Christenverbot Ende 1613 für ganz Japan in Kraft trat, schickte Ieyasu gleichlautende Briefe an sämtliche Daimyo, in denen er sie aufforderte, alle Christen, die in ihrem Gebiet lebten, eingehend über die Hintergründe seines Christenverbotes aufzuklären. Wer daraufhin vom Christentum abrücken wollte, brauchte nur beim nächstgelegenen buddhistischen Tempel ein Zeugnis abzulegen und sich vom Priester ein entsprechendes Zeugnis ausstellen zu lassen. Wer aber am christlichen Glauben festhielt, mußte unter Androhung der Todesstrafe mit den Patres Japan verlassen. Zu diesem Zweck stellte der Exshogun sieben Küstenschiffe zur Verfügung, mit denen die Missionare außer Landes gebracht werden sollten.

In der noch immer überwiegend von Christen bewohnten ehemaligen jesuitischen Hafenstadt Nagasaki formierten sich daraufhin im Frühjahr 1614 große Prozessionen, die von den Patres der verschiedenen Orden angeführt wurden. Je näher Ostern kam, desto stärker trat der Passionsgedanke in den Vordergrund. Immer wieder hämmerten die Patres den japanischen Kirishitan ein, daß Christsein auch Bereitschaft zum Märtyrertum bedeute. So geißelten sich täglich bis zu 8 000 Menschen bis auf das Blut, indem sie Ketten auf ihre nackten Körper schlugen, an die sie eiserne Spitzen angeschmiedet hatten. Einige banden sich schwere Steine um den Hals oder schleppten Kreuze auf dem Rücken, um die Prozession Christi nachzuempfinden. Die Patres beabsichtigten durch diese Umzüge, den japanischen Behörden den unbeugsamen Willen der Christen vor Augen zu führen und gleichzeitig gegen das ausgesprochene Christenverbot zu protestieren.

Die endgültige Evakuierung der Abreisewilligen erfolgte schließlich im Oktober 1614. An Bord der drei auslaufenden Schiffe waren aber nur 85 Jesuiten, vier Franziskaner, zwei Dominikaner und zwei Augustiner. Nur ganz wenige Japaner folgten den Patres ins Exil. Einige der in den nächsten Jahren gefällten politischen Entscheidungen Japans beruhten darauf, daß die meisten Patres kurz vor der Verschiffung aus Nagasaki irgendwo in der Umgebung untertauchten. Dies war den japanischen Behörden bekannt, und so ordnete das Shogunat eine systematische Befragung aller Japaner an, die irgendwann Kontakt zu Christen gehabt hatten, und versprach für die Ergreifung der Patres eine hohe Belohnung.

Die Christen werden verfolgt

Bis zum Jahr 1616 ließ die Regierung jedoch keinen der aufgegriffenen Patres töten. Unter strenger Bewachung wurden sie mit japanischen Schiffen nach den Philippinen oder Macao abgeschoben. Kein Mitleid gewährte man jedoch den japanischen Helfershelfern. In den Augen der Regierung verstießen sie gegen bestehendes Gesetz, und so wurden sie alle hingerichtet. Noch konnte jeder Christ durch eine einfache mündliche Erklärung dem angenommenen Glauben entsagen, um so jeder Bestrafung zu entgehen.

In vielen Büchern über jene Zeit ist von äußerst grausamen Christenverfolgungen die Rede. Aber Zahlen werden fast nie genannt. Insgesamt waren es 602 Hinrichtungen in ganz Japan während des gesamten Zeitraumes von 1612 bis 1642. Dazu gehörten auch die Patres, die man nach 1616 noch aufgriff, deren Helfershelfer und einige Kirishitan, die sich weigerten, den christlichen Glauben abzulegen. Es waren fast immer einfache Menschen, die lieber sterben und in das versprochene Paradies eingehen wollten, als abzuschwören und der von den Patres angedrohten Hölle anheimzufallen.

Zu den ersten Hinrichtungen von Missionaren kam es im Jahre 1617, ein Jahr nach dem Tod von Ieyasu. Im Jahr darauf wurden sieben Missionare aufgegriffen, die versucht hatten, sich an Bord portugiesischer oder spanischer Handelsschiffe nach Japan einzuschmuggeln. Den gleichen Versuch unternahmen in den folgenden Jahren noch einige wenige Patres. Kaum waren sie an Land, zogen sie in der nächsten Stadt plötzlich das Kreuz unter ihrem Hemd hervor und redeten auf die Menschen ringsum ein. Die meisten von ihnen sprachen kein Japanisch, riefen aber die Wörter »Deus«[7] und »Christi« in die Menge. Beim Verhör gaben sie dann an, sie seien gekommen, um mit ihrem Blut für die Wahrheit des katholischen Glaubens zu zeugen. Sie sagten, es sei ihnen recht, getötet zu werden, denn dadurch würden sie die ewige Glückseligkeit erlangen und im Himmel direkt an der Seite Jesu sitzen. Die Behörden taktierten vorsichtig, denn sie wollten nicht durch neue Hinrichtungen noch mehr todessüchtige christliche Fanatiker nach Japan locken. So sperrten sie die bisher 21 aufgegriffenen Patres ins Gefängnis und verstärkten die Suche nach weiteren im ganzen Land.

Maßnahmen zur bewußten Isolierung Japans

Die ersten einschneidenden Maßnahmen zur Isolierung Japans traten 1623 in Kraft. Keine japanischen Handelsschiffe durften mehr einen philippinischen Hafen anlaufen, der japanisch-spanische Handel brach daraufhin völlig zusammen, und über die Portugiesen wurde eine Aufenthaltsbegrenzung verhängt; ihnen war nur noch der Aufenthalt in Nagasaki erlaubt. Die Engländer sandten bald darauf von sich aus keine Schiffe mehr nach Hirado.

Als nach der vollzogenen Isolierung die Regierung in Edo die Einrichtung des 5-Familien-Systems anordnete, geschah dies vor allem zur Stärkung der inneren Sicherheit. Gleichzeitig legte man damit aber den Grundstein für die Gruppenentwicklung der Japaner, die bis heute das tragende Element der japanischen Gesellschaft geblieben ist. Die Regierung beabsichtigte damit, ein Kontrollsystem zu schaffen, mit dem auch die letzten Christen entdeckt und allen weiteren subversiven Tätigkeiten endgültig ein Riegel vorgeschoben werden konnte.

Nach Berichten der zuständigen Beamten schien in den folgenden Jahren das Christentum ausgelöscht bzw. in den Untergrund zurückgedrängt worden zu sein. Nur in entfernten Gebieten, die sich dem unmittelbaren amtlichen Zugriff entziehen konnten, hingen noch zahlreiche Japaner dem verbotenen Glauben an. Am längsten lebte das Christentum in den Gegenden fort, in denen die ersten Missionare gewirkt hatten. In der Gegend um Nagasaki waren die Verfolgungen am stärksten und grausamsten.

Ein Aufstand der christlichen Bevölkerung

Durch soziale Ungerechtigkeiten motiviert, bäumte sich die weitgehend christliche Bevölkerung auf der Insel Amakusa und der Halbinsel Shimabara gegen die dortigen Daimyo auf. Der daraus resultierende fünfmonatige Aufstand ging als »Shimabara no ran« in die Geschichtsbücher ein. Zehntausende von Christen erhoben sich im Oktober 1637 unter der Führung des erst 18jährigen Samurainachkommen Amakusa Shiro gegen den von Edo eingesetzten Daimyo. Sie malten sich alle das Aschenkreuz auf die Stirn und holten Tausende von Gewehren und andere Waffen aus ihren Verstecken und stürmten gegen sein Schloß an, konnten es jedoch nicht einnehmen. Das Shogunat entsandte sofort ein Samuraiheer – insgesamt 125 000 Mann –, das den Aufstand nach anfänglich schweren Verlusten niederschlug. 27 000 Kirishitan, darunter etwa 14 000 Frauen und Kinder, verbarrikadierten sich daraufhin in dem verlassenen Schloß Hara. Immer wieder versprach General Matsudaira Nobutsuna den Eingeschlossenen, daß niemand, der jetzt aufgebe, bestraft werde. Einige wenige kamen nachts aus der Burg, doch die meisten harrten in der uneinnehmbaren Festung aus. Zunächst verhungerten die Kinder, dann die Frauen, und bei der Erstürmung der Burg im Februar 1638 waren alle Eingeschlossenen tot.

Mit der Niederschlagung dieses Aufstandes hatte eines der bedeutendsten Kapitel der katholischen Mission im 16. Jahrhundert ihr vorläufiges Ende gefunden. Auf dem Schloß Shimabara wurde folgende mahnende Inschrift eingemeißelt: »*Solange die Sonne die Erde wärmt, soll kein Christ sich unterstehen, nach Japan zu kommen. Jedermann soll wissen, wenn der König von Spanien selbst oder der Christengott oder der Weltengott dies Gebot übertreten, werden sie es mit ihrem Kopf bezahlen.*«

Diese Revolte war für das Bakufu kein Religionskrieg gewesen, sondern der Versuch, das Reich zu spalten. Zuerst wurde das Sakoku verhängt, das bedeutete die völlige Absperrung Japans vom Ausland. Keine fremden Schiffe durften die Küsten des Reiches anlaufen, auch wenn sie im Sturm kenterten und hilflos strandeten. Sogar jeder ausländische Schiffbrüchige mußte erbarmungslos getötet werden.

Zur Ausrottung des Christentums ergriff die Regierung folgende Maßnahmen:

– Jeder Tempel einer Sekte mußte ein Personalregister über seine Glaubensanhänger führen. So war jeder Japaner gezwungen, sich einer buddhistischen Sekte anzuschließen, um nicht als Christ zu gelten.

– Für die Denunziation eines Christen setzte die Regierung eine hohe Belohnung aus. »Die christliche Religion ist seit langen Jahren verboten. Ist jemand derselben verdächtigt, so ist er sofort zur Anzeige zu bringen. Belohnungen: Demjenigen, der seinen Familienvater anzeigt, 500 Taler; demjenigen, der seinen Bruder anzeigt, 300 Taler; demjenigen, der einen früher abgefallenen Christen anzeigt, 300 Taler usw.«

– Es wurden Kinseifuda (eine Art Warntafel) aufgestellt, auf der das allgemeine Verbot des Christentums bekanntgegeben wurde.

Während der nun folgenden spannungsgeladenen Zeit kamen zweimal portugiesische Schiffe aus Macao, um die abgerissenen Handelsbeziehungen zu den Japanern wieder aufzunehmen. Die Regierung von Edo ließ beide Schiffe abweisen und den Kapitänen mitteilen, daß sie, die Portugiesen, letztlich die Verantwortung für den Tod der 37 000 Menschen in Shimabara trügen, denn ohne den christlich geschürten Fanatismus, ohne die jahrelange illegale Tätigkeit der Patres und ohne die riesige Menge eingeschmuggelter Waffen wäre das Drama dort nicht möglich gewesen.

1640 kam trotzdem zum dritten Mal ein portugiesisches

Schiff, diesmal mit einem Sonderbotschafter an Bord. Er wollte mit vielen Geschenken und dem heiligen Versprechen, niemals mehr von portugiesischer Seite Handel und Religion zu vermischen, die japanischen Behörden umstimmen. Es war aber zu spät. Die Regierung ließ den Sonderbotschafter und 60 weitere Portugiesen enthaupten und das Schiff verbrennen. 13 einfache Matrosen schickte man mit einem japanischen Schiff nach Macao zurück, damit sie dort berichten konnten, was sie gesehen und gehört hatten.

200 Jahre später: Langsame Lockerung der Isolierung

Erst am 9. Juni 1853 – nach über 200 Jahren – segelte der amerikanische Admiral Matthew C. Perry in den Hafen von Kanagawa und unterzeichnete, nach seiner ersten Abweisung durch das Shogunat ein Jahr zuvor, einen Handelsvertrag mit den Japanern (hierzu hatten die Behörden Teppiche ausgelegt, damit die »Barbaren« nicht die heilige japanische Erde besudelten). Jetzt begann die bis dahin strikte Absperrung nach und nach zu bröckeln; es folgten weitere Verträge mit England und Rußland. Schon bald kamen trotz des Christenverbotes auch wieder Missionare auf die Insel. Die ersten beiden waren Bischof Channing M. Williams von der anglikanischen Kirche und Dr. Guido F. Verbeck, ein holländischer Missionar, der bisher im Staate New York in den Vereinigten Staaten tätig gewesen war.

Mit der Meiji-Regierung brach dann im Jahre 1868 Japans Absperrung völlig zusammen, und zahlreiche politische Reformen wurden eingeleitet. So gewährte die neue Regierung auch die Religionsfreiheit, die im Artikel 28 verankert war: »Alle japanischen Untertanen genießen Freiheit des Religionsbekenntnisses, soweit die öffentliche Ruhe und Ordnung sowie ihre Untertanenpflichten dadurch nicht verletzt werden.«

Nach Bekanntgabe dieser Reformen geschah etwas Unglaubliches und von niemandem Erwartetes. Auf einmal tauchten mehrere tausend Christen, »heimliche Christen« oder auch »abseits lebende Christen« genannt, über die ganze Insel verstreut aus dem Untergrund auf. Ohne Priester hatten sie sich in aller Heimlichkeit in den letzten 250 Jahren zu ihrem Glauben bekannt. Sie waren einer Art christlichem Kult mit Nottaufe und Gebet (Oration genannt) treu geblieben und hatten in unverständlichem Latein die Feste weitergefeiert. Kreuze und Madonnen hatten sie auf der Innenseite von Werkzeugen, Kunstgegenständen, Säbelschneiden oder sogar auf »Kami«-Bildnissen[8] verborgen.

Die neue Regierung war davon derart überrascht, daß sie ihre Gesetze über die Religionsfreiheit schlagartig vergaß und anordnete, alle Christen zu verhaften. 500 Führer der katholischen Kirche ertränkte man im Meer. Alle anderen wurden in mehr als 40 Provinzen des Inselreiches ins Gefängnis geworfen.

Endlich wird volle Religionsfreiheit gewährt

Danach aber fand das Christentum endgültig seinen Weg nach Japan. Ausländische Missionare und Matrosen schmuggelten Kopien einer chinesischen Bibelübersetzung von Dr. Robert Morrison nach Japan. Aber niemand konnte sich bis 1873 öffentlich zum Christentum bekennen. Erst 1876 wurden die Gesetze gegen das Christentum aufgehoben. Als Japan zum erstenmal einen Premier erhielt, der auch die westliche Welt bereiste, entdeckte dieser, daß es zwei Arten des Christentums gab: den katholischen und den protestantischen Glauben. In vielen Ländern fand er eine geordnete Gesellschaft und Kultur und auch hohe moralische Werte vor, so daß er nach seiner Rückkehr erneut Religionsfreiheit in Japan gewährte.

Genau ein Jahr später wurde die erste protestantische Kirche in Yokohama eröffnet, und Dr. Verbeck übersetzte die Bibel ins Japanische. Große Hilfe erhielt er durch John C. Hepburn, M. D., der Princeton Universität und Dr. S. R. Brown aus dem Staate New York. Das Ergebnis dieser Arbeit war eine sehr gute

Übersetzung mit einer sehr sauberen Niederschrift in japanischen Schriftzeichen.

Nun fand die Bibel Eingang in Japan, und in der neuen Verfassung vom 11. Februar 1889 wurde jetzt auch die volle Gewissensfreiheit gewährt.

Kagawa schrieb später dazu: »Früher kannten wir keine Liebe gegenüber der Natur, noch wußten wir, wie wir Gott lieben sollten. Als ich noch ein Junge war, erzählte man uns, daß in den Bergen dämonische Geister leben und uns Leid zufügen würden, wenn wir dorthin gehen. Falls ich auf den Boden spucke, so sagte man mir, würden sich die unterirdischen Geister an mir rächen. Aber als wir die Bibel hatten und das Neue Testament lasen, wußten wir, daß dem nicht so war. Wir entdeckten, daß Gott, der Schöpfer des Universums, ebenso der gütige Vater aller Lebewesen ist.«

Die meisten der aus der Arbeit evangelischer Missionsgesellschaften entstandenen, oft recht kleinen Gemeinden und Kirchen schlossen sich 1923 unter dem Einfluß T. Kagawas zum »Nationalen Kirchenrat« zusammen. Durch gesetzliche Maßnahmen stand inzwischen das Christentum mit den anderen Religionen in Japan, vor allem dem Buddhismus und Schintoismus, auf gleicher Stufe. So war es möglich, daß bereits 1907 der Christliche Studenten-Weltbund in Tokio tagen konnte.

Doch mit dem nationalen Erstarken Japans kamen auf die christlichen Kirchen neue Schwierigkeiten zu. Als Japan 1941 in den Krieg eintrat, verstärkte sich noch der Druck auf die japanischen Christen. Unter Vorsitz des methodistischen Bischofs Abe verbanden sich im gleichen Jahr die jungen einheimischen Kirchen zur »Vereinigten Kirche Christi in Japan« (Nippon Kirisuto Kyodan).

Nach dem Zweiten Weltkrieg nahmen die christlichen Kirchen und Missionen die gute Möglichkeit wahr, das Evangelium auf vielfache Weise zu verkündigen. Dennoch beträgt die Zahl der Christen heute noch nicht einmal ein Prozent der Gesamtbevölkerung. Aber ihr Einfluß reicht erstaunlich weit darüber hinaus.

Die Biographie des Toyohiko Kagawa

Hineingeboren in eine traditionsbewußte Familie

Toyohiko Kagawa wurde am 10. Juli 1888, nach japanischem Kalender im Jahr der Ratte, in der Handels- und Industriestadt Kobe geboren. Sein Vater Junichi Kagawa, der eine Zeitlang die Stelle eines Sekretärs des Geheimen Kaiserlichen Rates im Range eines Kabinettministers des Tennos innehatte und außerdem Inhaber einer der größten Schiffahrtsgesellschaften Kobes war, entstammte einem alteingesessenen Samuraigeschlecht. Er führte jedoch ein ausschweifendes Leben und hatte seine rechtmäßige Frau Michi auf dem Gutssitz Awa auf der Insel Shikoku verlassen. Junichi Kagawa lebte fortan mit einer Geisha[9] namens Kame zusammen. Mit ihr hatte er fünf Kinder, das dritte davon war Toyohiko. Nachdem der Vater die Begabung dieses Kindes erkannt hatte, adoptierte er es später und setzte es als seinen rechtlichen Erben ein.

Kaum war der kleine Toyohiko vier Jahre alt, starben innerhalb von nur zwei Monaten seine leiblichen Eltern. Ihn und seine ältere Schwester Ei brachte man nun zur rechtmäßigen Ehefrau seines Vaters auf den Gutshof, auf dem auch noch deren Mutter lebte. Beide Kinder wurden dort als unerwünschte Eindringlinge angesehen, und niemand ließ ihnen Liebe angedeihen. Der kleine Toyohiko fürchtete sich besonders vor seiner Großmutter. Aber auch zu seiner älteren Schwester, die die meiste Zeit tränenüberströmt in einem hinteren Zimmer verbrachte, konnte sich keine rechte Zuneigung entwickeln. Oft bedauerte er es, hierher gebracht worden zu sein. In dieser lieblosen Einsamkeit – denn selbst die Geschwister spielten nie miteinander – zog er sich immer mehr zurück. Der kleine einsame Junge begann die ersten Bücher zu lesen und freundete sich mit der Natur an, mit der er sich besonders verbunden fühlte. Sie formte nach und nach Herz und Gemüt des Kindes und prägte die Haltung dieser jungen Seele. Viel

41

Zeit verbrachte er auf den umliegenden Feldern, in den weiten Ebenen, in den Sanddünen und an den Ufern des Yoshino-Flusses.

Aber Toyohiko blieb von weiteren Konflikten nicht verschont. Als Stellvertreter des Hausherrn wurde er bereits in diesem zarten Alter als Bevollmächtigter der Familie auf manchen Geschäftsgang geschickt; denn die Kagawas besaßen eine Indigofabrik, eine Kelterei und ein großes landwirtschaftliches Gut mit Rohrzuckeranbau. Jeden Sommer und Herbst mußte er die Zinsen von den Bauern eintreiben, die die gepachteten Felder bestellten. Mit seiner noch kindlichen Schrift trug er die verschiedenen Posten in das Familienhauptbuch ein. Diese Pflicht erforderte viel Überwindung von ihm, wollte er doch lieber den Arbeitern auf dem Gutshof helfen als ihr Vorgesetzter sein. Oft stand Toyohiko bis zur Hüfte im Wasser und half, die zarten Reispflanzen in den schlammigen Boden zu setzen, oder er drehte stundenlang das Wasserrad, um die höher gelegenen Felder zu bewässern. Im ganzen gesehen war es eine freudlose Jugend, und Kagawa schrieb später einmal, es sei schrecklich, Kind einer Nebenfrau »mit leichten Füßen und leichter Moral« zu sein.

Aufgrund eines gefälschten Geburtszeugnisses schulte seine Adoptivmutter Toyohiko bereits mit vier Jahren und neun Monaten ein. Normalerweise waren Kinder in Japan auch erst ab dem 6. Lebensjahr schulpflichtig. Seine Hoffnungen aber, in der Schule endlich Freunde zu finden, wurden leider nur allzu schnell zerstört. Angesichts seiner traurigen Erfahrungen daheim vereinsamte der frühreife Junge nur noch mehr. Seine Mitschüler mieden ihn nicht zuletzt wegen seiner guten schulischen Leistungen und seines Lerneifers.

Neben der Schule besuchte Toyohiko auf Drängen seiner Adoptivmutter und Großmutter ebenso einen Tempel. Hier sollte er im Glauben an Buddha und in der Weisheit des Konfuzius aufwachsen. »Die liebeleere Ehrfurcht des Shinto[10], die von jeglicher Liebe getrennte Überweltlichkeit des Buddhismus und die ebenso liebeleere Straße der ›Goldenen Mitte‹

verurteilten mich, meine Knabenzeit in Traurigkeit zu verbringen«, schrieb Kagawa über sich. Aber dennoch lernte er die
Bedeutung der kindlichen Frömmigkeit und die Liebe für sein
Volk und Vaterland kennen. Durch die sich ständig wiederholenden Rituale während seiner Ausbildung wuchsen in seiner
Seele mystische Ehrfurcht und tiefe Achtung. Sie sollten ihm
sein ganzes Leben lang erhalten bleiben und zu einer Richtschnur seines Lebens werden.

Doch seine harten Tage auf dem Gutshof Awa, die er selbst
als »Symphony of tears and laughter« (= Symphonie von
Weinen und Lachen) bezeichnete, sollten bald gezählt sein. Im
Jahre 1899 – Toyohiko war elf Jahre alt – verunglückte die
Tochter des Schuldieners beim Spielen am Wasserrad. Das
Mädchen beschuldigte dabei zunächst Toyohiko zu Unrecht.
Der völlig schuldlose Junge weinte tagelang. Er ging dann,
nachdem das Mädchen schon die Wahrheit gesagt hatte, zu
ihm, schenkte ihm sein gesamtes, schwer erspartes Geld als
Wiedergutmachung und bat dessen Eltern um Verzeihung.
Schiere Verzweiflung erfaßte den Knaben, als das Mädchen
wenige Tage später starb, da es auch noch in einen Bewässe-
rungsgraben gefallen war und sich dadurch eine Lungenentzündung zugezogen hatte.

Kurze Zeit nach diesem Vorfall weilte sein 16 Jahre älterer
Bruder Tan-ichi auf dem Gut. Eindringlich bat Toyohiko ihn,
mit ihm weggehen zu dürfen. Sein Bruder gewährte ihm den
Wunsch, und im Jahre 1900 trat Toyohiko in die Boy's Middle
School in Tokushima ein. Diese jetzt folgende kurze Zeit bei
Tan-ichi stellte für ihn eine Zeit der Freiheit und des Glücks dar,
verglichen mit der auf Awa. In diesen Zeitraum fiel auch seine
romantische Liebe zu Otsuna, die er in seinem autobiographischen Roman »Shisen wo koete« (»Auflehnung und Opfer«) als
die Geisha Kohide beschreibt.

Doch schon sehr schnell erkannte Toyohiko, daß seine Flucht
aus Awa keine Befreiung aus seiner Einsamkeit war. Außerdem
hatte man bei ihm Tuberkulose festgestellt. Darum durfte er
nicht mehr bei seinem Bruder leben, sondern wurde im

Hirayama Boarding House untergebracht. Der unmoralische Ton in den Schlafsälen und das Betragen vieler anderer Knaben stieß ihn ab. Sein reiferes Wesen und seine Weigerung, mit ihnen gemeinsame Sache bei deren Ausschweifungen zu machen, errichteten zwischen ihnen schnell unüberbrückbare Schranken. Die größte Härte jedoch lag für ihn in der Trennung von der Natur, seiner geliebten »zweiten Mutter«, die es nie versäumt hatte, all seine Stimmungen zu verstehen und auf den tiefen inneren Ruf seiner Seele zu antworten.

Kein Tag verging, an dem er nicht weinen mußte. Aus tiefster Verzweiflung schrie er auf: »Ich habe das Kreuz hoher Grundsätze und glänzender Ideale auf meine Schultern genommen, aber wird einst, wenn der Traum des Lebens endet, etwas anderes übrigbleiben als ein kalter Leichnam?« – »Mir ist sogar die Hoffnung, als Leichnam fortzubestehen, verwehrt. Ich werde Asche werden. Asche – das Ziel, dem ich zuwandere! Der Gedanke daran treibt mich zum Wahnsinn. Wenn ich daran denke, daß diese Asche verweht und vom Regen in die Gosse hinuntergewaschen wird, dann überfällt mich würgender Ekel.«

Erste Begegnungen mit Christen

In diesem kritischen Zustand kam Toyohiko das erste Mal mit dem Christentum in Berührung. »Als ich das dritte Jahr in der Boy's Middle School war – ich war gerade 14 Jahre alt – lernte einer meiner Freunde bei einem Ausländer Englisch, und er lud mich ein, mit ihm zu gehen. Dies war mein erster Kontakt mit Ausländern, und durch diesen Kontakt begann ich die Christian Church in Tokushima zu besuchen. Um diese Zeit nahm mein Cousin Nii Itaru . . . mich mit anderen Freunden zur Kirche mit, aber noch war ich antagonistisch.«

Kurz darauf begann Toyohiko sich auch für die englische Sprache zu interessieren. In gewisser Weise war es sicherlich göttliche Fügung, daß sein Lehrer Katayama Shōkichi Christ war. Er war es schließlich auch, der ihn zu den Missionaren Dr. Harold W. Myers und Dr. Charles A. Logan sandte. Es dauerte nicht lange, bis Toyohiko sich mit beiden angefreundet hatte. Bei ihnen fand er nun Ersatz für sein verwaistes Elternhaus, aber auch geduldige Lehrer beim Erlernen der englischen Sprache.

»In meinem Unglück begann ich über Leben und Gott nachzudenken. Mein Englischlehrer, der Missionar, bat mich, einen Vers aus der Bibel auswendig zu lernen: Lukas 12, Vers 27 *(Seht die Lilien an, wie sie wachsen: Sie spinnen nicht, sie weben nicht. Ich sage euch aber, daß auch Salomo in aller seiner Herrlichkeit nicht gekleidet gewesen ist wie eine von ihnen).* Das war für mich eine Erleuchtung.

Da um diese Zeit mein Bruder starb, wurde ich zu noch tieferem Nachdenken veranlaßt. Ich gewann die Überzeugung, daß nur Christus mein Herz heilen könnte. Daher begann ich, an ihn zu glauben. Aber meine Verwandten waren sehr gegen das Christentum, so daß ich meinen Glauben an einen persönlichen Gott nicht zu bekennen wagte. Ich kroch einfach in mein Bett, steckte meinen Kopf unter die Decke und betete so zu Gott.

Manchmal ging ich auf die Toilette, um zu beten. Ich sagte gewöhnlich: ›Herr, laß mich an dich glauben! Herr, laß mich ein Nachfolger Christi werden! Herr, laß mich ein sauberes Leben führen!‹«

Tan-ichi hatte bisher die Schulkosten für Toyohiko bezahlt. Nach dessen Tod konnte die Familie Kagawa für die weitere Ausbildung des Jungen nicht mehr aufkommen.

Tan-ichi hatte das Geld noch schlimmer verpraßt als sein Vater. Lediglich das kleine Hinterhaus des Anwesens blieb im Familienbesitz.

Daher erklärte sich Toyohikos Onkel, Mori Rokubei, bereit, für dessen weitere Ausbildung aufzukommen. Er lebte ebenfalls in Tokushima und war sowohl der Präsident der dortigen Eisenbahngesellschaft als auch einer Reederei.

In einem Vers schreibt Kagawa:

Vom Unglück verfolgt

Mit vier
die Eltern verloren,
mit sechzehn
den Bruder verloren.
Wie einsam bin ich doch!

Im Hause seines Onkels fand Toyohiko allerdings wenig Ruhe. Zum einen gab er seinen beiden jüngeren Vettern Hausunterricht, wobei er sich vor allem um Kanzo kümmern mußte, der gerade sein erstes Jahr an der Oberschule absolvierte. Zum anderen klangen ihm die eindringlichen Worte seines Onkels ständig im Ohr: »Toyohiko, du darfst bei diesen Missionaren Englisch lernen, aber glaube nicht an das Christentum. Es ist eine schlechte Religion. Vor ungefähr 300 Jahren versuchte diese Religion Japan zu erobern. Du darfst nicht an das Christentum glauben!« Heimlich betete der Junge weiterhin jeden Abend unter der Bettdecke: »O Gott, mache mich zu einem guten Jungen. Amen!« – »Herr, laß mich ein Nachfolger Christi werden!«

Kagawa läßt sich taufen

Aber noch bekannte Toyohiko sich nicht öffentlich zum Christentum. Dies sollte schon bald anders werden.

»Kagawa, glauben Sie an einen persönlichen Gott?« fragte Dr. Myers.

»Ja.«

»Beten Sie?«

»Ja.«

»Wo beten Sie?«

Da Toyohiko unter der Bettdecke verborgen betete und sich in keine Kirche traute, antwortete er nicht.

»Beten Sie wirklich?« fragte Dr. Myers erneut.

»Ja, ja.«

»Wie lange beten Sie schon?«

»Seit mehr als sieben Monaten.«

»Warum lassen Sie sich dann nicht taufen?«

»Weil meine Familie mich verstoßen würde, wenn ich mich taufen lasse; dann könnte ich nicht länger die Schule besuchen.«

»Dann sind Sie ein sehr ängstlicher Geselle.«

»Was sagen Sie? Meinen Sie, ich sei ein Feigling?«

»Ja.«

»Gut! Wenn das so ist, will ich mich taufen lassen!«

Etwa zwei Wochen später, am 21. Februar 1904, ließ sich Toyohiko Kagawa von Dr. Myers taufen, und die von ihm befürchteten Reaktionen seiner Familie blieben zunächst aus.

Mori Rokubei hatte bisher weder gegen die Schule noch gegen seine Taufe etwas einzuwenden. Aber in bezug auf die berufliche Ausbildung des Jungen besaß er doch konkrete Vorstellungen. Er beabsichtigte, Toyohiko die Ausbildung an der elitären Imperial Universität von Tōkyō zu finanzieren, damit er entweder wie sein Vater die Laufbahn eines Politikers einschlagen, Universitätsprofessor werden oder in der aufblühenden Wirtschaft einen gehobenen Posten einnehmen könne. Doch immer wieder wurde er davon überrascht, wie Toyohiko eigene Vorstellungen vorbrachte und darüber hinaus kein Interesse am Geld zeigte. Als ihm dann aber der Knabe eines Tages unmißverständlich klarlegte, ein Verkündiger der Botschaft Jesu werden zu wollen, warf ihn sein Onkel enterbt auf die Straße.

Da er nicht mehr auf den Gutshof Awa zurück wollte, wandte sich Toyohiko Kagawa an die örtliche Missionsstation, mit deren Hilfe er zunächst die Schule abschloß und dann durch den Einfluß und mit Unterstützung von Dr. Myers im April 1905 die Ausbildung zum presbyterianischen Pfarrer am Meiji Gakuin[11] in Tōkyō aufnahm. Hier arbeitete er u. a. Kants »Kritik der reinen Vernunft«, Darwins »Entstehung der Arten«, Ruskins »Moderne Maler« und Max Müllers »Heilige Bücher des

Ostens« durch. Bis zum Ende des ersten Semesters lernte Kagawa nicht mehr als fünf Personen kennen, so sehr war er in seine eigenen Studien vertieft. Aufgrund dieser Introvertiertheit riefen ihn seine Mitstudenten nur noch »chōzen« – der Unnahbare. Während seines zweijährigen Aufenthaltes las er fast alle wichtigen Bücher der Bibliothek, und daher versetzte seine Anwesenheit im Unterricht einige Lehrer in Verlegenheit, denn er hatte auf manchen Gebieten bereits mehr gelesen als sie.

Kommende Genies stehen oft unter einer Eigengesetzlichkeit und sind nicht geneigt, äußere Autoritäten anzuerkennen. So stellte auch Toyohiko Kagawa für seine Lehrer eine Herausforderung dar. Sie hatten stets Schwierigkeiten, ihn in das festgefügte Anstaltsschema einzugliedern, denn er zeigte immer wieder nonkonformistische Neigungen, vertrat eigene Gedanken und Ideale und war sehr kämpferisch in ihrer Verteidigung. »Er liebte, was er liebte« mit dem Erfolg, daß er einige Vorlesungen vernachlässigte, die ihn nicht interessierten. So schnitt Toyohiko in verschiedenen Prüfungen nicht sehr gut ab.

Sein Kampf um Frieden und Nächstenliebe

Während seines Aufenthaltes in Tōkyō ließ ihn die Lektüre von Leo Nikolajewitsch Tolstoi zu einem glühenden Anhänger der Gewaltlosigkeit werden. Der Russisch-Japanische-Krieg war gerade in seinem kritischen Stadium, und die Spannung stieg im gesamten Kaiserreich auf den Siedepunkt. Jeder einzelne suchte nach Spionen und Pazifisten und brachte sie unter allen möglichen Vorwänden ins Gefängnis. Furchtlos aber bekannte Toyohiko seine Friedensüberzeugung, bekämpfte den Krieg vom Schulpodium aus und zog sich hierbei den Zorn der gesamten Studentenschaft zu. Unerschrocken wies er darauf hin, daß dieser Krieg zu Unrecht geführt werde, denn jeder Krieg sei schließlich ungerecht, und Christen, die sich einziehen ließen, handelten ebenso gegen Gott. Weiter fuhr er fort, ein

Christenleben ohne die Ausübung der alles tragenden und überwindenden Liebe Jesu sei wertlos. Nur der, der seinen Glauben in die Tat umsetze, handle letztlich nach Gottes Willen.

In Anlehnung an Tolstois Lehre nahm Kagawa streunende Katzen und Hunde mit in den Schlafsaal, ließ sie auf seiner Matte ruhen und teilte mit ihnen sein kärgliches Mahl. Selbst einen verlausten Bettler beherbergte er für einige Tage. Bedürftigen Studenten gab Toyohiko sein letztes Geld oder Kleidungsstück, obwohl er beides selbst dringend brauchte. Wegen seiner so praktizierten Nächstenliebe entbrannte immer wieder der Zorn der Mitstudenten. Sie brandmarkten ihn als Emporkömmling und aufgrund seiner pazifistischen Einstellung als einen Verräter. Nachdem er dann gar ausrief: »Ich bin weder für Rußland noch für Japan, aber ich bin für das arbeitende Volk beider Länder, welches von beiden Regierungen irregeführt und gezwungen wurde, gegen seinen Willen, gegen seine Überzeugung und gegen seine Religion in den Krieg zu ziehen«, war das Maß voll. Kommilitonen schlugen ihn daraufhin im Schutz der Nacht nieder. Wie einst Stephanus schlug Toyohiko ruhig die Arme untereinander, senkte den Kopf unter ihren Schlägen und erhob seine Stimme im Gebet: »Vater, vergib ihnen; denn sie wissen nicht, was sie tun.«

Im August 1906 fuhr Toyohiko wieder einmal nach Tokushima zurück, um dort seine Sommerferien zu verbringen. Mit Dr. Myers ging er jeden Tag in die Slums, um den Armen zu predigen. Eines Tages begegnete der junge Student dort einem Verwundeten aus dem Japan-Rußland-Krieg mit Namen Mori. Aufopferungsvoll widmete dieser jetzt sein Leben den Armen. Toyohiko war von dessen Einsatz sehr beeindruckt.

Nach Tōkyō zurückgekehrt, bereitete sich Toyohiko Kagawa im März des Jahres 1907 auf seinen Abschluß am Meiji Gakuin vor. Da erreichte ihn plötzlich die Nachricht, daß Dr. Myers einen Platz als Mentor am neu geschaffenen theologischen Seminar in Kobe erhalten hatte. Toyohiko bemühte sich sofort um einen Wechsel an die dortige Schule. Doch unglücklicherweise war dies kein besonders guter Entschluß, denn »Kobe

Shingakkō«, wie diese Schule hieß, war für seine Vorstellungen viel zu orthodox. Hier aber sollte er, wenn auch von Krankheiten geplagt, die restlichen vier Jahre bis zum Abschluß durchstehen. Doch schon nach kurzer Anwesenheit versuchte man ihn von der Schule zu verweisen.

Der Grund hierfür lag im Neid einiger Lehrer auf Professor Aokis Beliebtheit bei den Studenten. Besonders einer der Kollegen intrigierte so lange, bis Professor Aoki entlassen wurde. Der stürmische Protest der Studentenschaft führte schließlich dazu, daß niemand mehr die Vorlesungen dieses Mannes besuchte, der am Zwischenfall schuld war. Kagawa, heißblütig und stets auf dem Sprung, für eine gerechte Sache zu fechten, zählte zu den Anführern dieser Rebellion. Er und vier weitere Mitschüler wurden zu guter Letzt vor den Rektor der Fakultät zitiert. Dieser teilte ihnen mit, daß sie aufgrund ihres Verhaltens entlassen seien. Er hielt ihnen eine strenge Strafpredigt und entließ sie nach kurzem Gebet. Toyohiko verwehrte dem Rektor zum Schluß den Händedruck mit den Worten: »Ein leerer Händedruck bedeutet mir nichts. Ist denn nicht das Christentum eine Religion der Liebe? Wer Liebe lehrt, soll den irregeleiteten Schüler auf den Weg zurückführen. Gott läßt uns nicht im Stich. Warum verstößt uns die Schule?« Dann sagte Toyohiko weiter, daß er gehen wolle, seine vier Kommilitonen aber sollten wieder aufgenommen werden. Als dann etwas später Dr. Myers noch intervenierte, durften alle fünf ihr Studium fortsetzen.

Mit Hilfe von Dr. Myers fand Toyohiko Kagawa eine Stelle als Assistent in der Okazaki Kirche in Nagoya. Doch sehr schnell gab es aufgrund von Meinungsverschiedenheiten mit dem dortigen Pfarrer Streit. Kagawa wurde gebeten, im Juli die Stelle aufzugeben. Glücklicherweise fand er bald eine andere Anstellung im nahen Toyohashi. Hier begegnete ihm bei seinem Freund, dem Pfarrer Nagao Ken, gelebtes Christentum. Obwohl an Tuberkulose erkrankt und so eine Gefahr für die zehn Kinder des Hauses, bot man ihm herzlich ein Bett und das tägliche Essen an. Toyohiko erlebte es auch jeden Tag aufs neue, wie alle Bettler ernährt wurden, die mittags an die Tür klopften. Er sah, wie Nagao Ken tagtäglich zu den Armen ging und hingebungsvoll mit ihnen sprach.

Von solch einem aufopferungsvollen Christentum inspiriert, wollte Toyohiko Kagawa es ihm gleichtun und zog nun ebenfalls Tag für Tag mit einer Laterne schon am frühen Morgen in das Elendsviertel, um das Wort Gottes zu verkündigen. Oft trug auch die älteste Tochter von Nagao Ken diese Laterne, der Toyohiko den Kosenamen Akiko gegeben hatte. Zwischen beiden bahnte sich eine hoffnungsvolle Liebe an. Toyohiko Kagawas Predigten, oft unter Tränen auf der Straße oder im privaten Kreis gehalten, waren jedesmal sehr ausdrucksstark und wirkten, als würde aus seinem Herzen eine unterdrückte Flut hervorbrechen.

Jahre später schrieb Toyohiko über die Bedeutung seiner Bekanntschaft mit Nagao Ken: »Als ich 19 Jahre alt war, entdeckte ich im Leben von Nagao Ken, daß es aufgrund von Armut und religiösem Tun so gedeiht. Es ist ein großer Segen, solch einen Evangelisten wie Nagao Ken in Japan gehabt zu haben...

Wenn auch hunderte von Jahren verstreichen, die Welt wird seinen Namen noch nicht vergessen haben. Er war völlig in die Lebensfreude eingetaucht. Sein Leben war eigentlich Gottes Leben. In ihm sah ich die Lebenskunst bis an ihre Grenzen. Ich studierte sein Leben und empfahl es anderen weiter. Jesus war Gottes Kind und ein Zimmermann. Nagao Ken war ihm ähnlich. Es gibt andere wie ihn in der Welt. Uemura Masahisa, Honda Yoichi und Uchimura Kanzo waren zu dieser Zeit unter den Führern in Japan, aber Nagao Ken allein war vollkommen in die Lebensfreude eingetaucht. Er lehrte mich das wahre Christentum in Japan...«

Schwere Erkrankungen und ihre Folgen

In diesem Sommer, in dem er sich sehr glücklich fühlte, sollte er aber noch sehr schwer erkranken und die Weichen für sein weiteres Leben stellen. Lassen wir ihn hierzu selbst zu Wort kommen:

»Ich war neunzehn Jahre alt und verbrachte den Sommer in Toyohashi. Dort predigte ich jeden Tag, 40 Tage lang, auf der Straße. Am vierzigsten Tag, ungefähr um 9 Uhr abends, setzte, während ich noch redete, ein Regen ein. Seit einer Woche schon war meine Stimme schwächer geworden. Als es regnete, konnte ich mich vor Schwäche kaum noch aufrecht halten. Einmal rang ich förmlich nach Atem. Ich fühlte mich entsetzlich durchfroren, und mir fiel ein, dies könnte der Vorbote eines Fieberanfalls sein. Ich beschloß aber – möge geschehen, was da wollte –, meine Predigt zu vollenden. Ich rief: ›Zum Schluß sage ich euch, daß Gott Liebe ist, und ich will bezeugen, daß Gott Liebe ist, bis ich umfalle. Wo Liebe ist, da offenbaren sich Gott und Leben.‹ Mein Fieber war so hoch, daß ich die drohende Gefahr zu fallen fühlte. Aber irgendwie schleppte ich mich doch noch in meine Wohnung und in mein Bett.

Zwei Tage lag ich da, hustete und warf Blut aus. Ich hatte kein Geld, einen Arzt zu rufen. Schließlich schickte der Pfarrer zum Arzt, der mich untersuchte und eine Lungenentzündung auf tuberkulöser Grundlage feststellte. Er machte mir wenig Hoffnung. Am dritten Tag schien mein Zustand völlig hoffnungslos zu sein. Ich konnte ohne Anstrengung weder atmen noch husten. So lag ich ungefähr eine Woche. Dann fastete ich einen ganzen Tag lang und betete anhaltend. Plötzlich, gegen 3 Uhr nachmittags, kam mir unter großer Freude eine Erleuchtung. Am nächsten Tag fand mich der Arzt zu seinem größten Erstaunen fast geheilt vor. Als meine Krankheit auf dem Höhepunkt gewesen war, war mir fortwährend ein einziger Gedanke durch den Sinn gegangen: ›Wenn ich gesund werde, will ich ins Armenviertel von Kobe ziehen und mich um der Armen willen Gott zum Opfer darbringen.‹ Es war dieser Gedanke, der mich zum Leben zurückbrachte. Ich fühlte in mir die Überzeugung, Gott hat mich mit einer Pflicht betraut, in der Arbeit unter den Armen Jesu Geist zu verwirklichen. Daher kann ich jetzt gar nicht sterben. Im Augenblick meiner Erleuchtung war es mir, als springe ich über den Tod und würfe mich hinein in eine Welt voller Wunder und Geheimnisse. Von diesem Augenblick an begann meine Besserung. Ich war imstande, mich mit dem Lesen von Psalmen zu beschäftigen. Einen Monat lang mußte ich noch liegen; aber tagtäglich wurde ich entschlossener, mein Leben im Elendsviertel Shinkawa zu verbringen.«

Zur Überraschung von Dr. Yawatha gewann Kagawa schnell wieder an Kraft, und nach wenigen Tagen konnte er bereits zeitweise wieder das Bett verlassen. Doch kurz darauf brach er erneut zusammen. Dr. Myers veranlaßte daraufhin einen viermonatigen Aufenthalt im Hospiz von Akashi und schickte ihn anschließend für ein Jahr in das Fischerdörfchen Fusō, das nahe Gamagori liegt. Hier sollte er sich nun vollständig erholen. Doch von den Bewohnern des Ortes wollte niemand etwas von dem kranken Mann wissen, und so blieb Toyohiko in seiner einfachen Hütte sehr einsam. Um wenigstens etwas Gesellschaft zu haben, begann er, um sich Tiere zu sammeln. Zuletzt besaß er einen Hund, eine Katze, eine Schnecke und fünf Spinnen.

Einsamkeit nistete sich in sein Herz. Sie wurde erstmals genommen, als Dr. Myers und dessen Frau bei ihm eintrafen, um in Fusō ihren Urlaub zu verbringen. Die ersten vier Tage schliefen die beiden Männer in Toyohikos Hütte. Als am ersten Morgen Kagawa Dr. Myers fragte, ob er um sich keine Angst habe, antwortete dieser ruhig: »Deine Krankheit ist ansteckend, aber Liebe ist noch ansteckender.«

»In diesem Moment«, schrieb Toyohiko Kagawa später, »erkannte ich wahrhaftiger denn je, was Liebe wirklich bedeutet: Liebe kennt keine Angst; Liebe kennt keine Grenzen; Liebe umfängt alles – kranke Leute wie mich und all die geistig und körperlich Kranken. Ich war der Ansicht, daß auch ich jeden Menschen lieben müßte – selbst die schrecklichen Menschen im Elendsviertel. Ich beschloß, daß ich nicht länger krank sein dürfte. Ich betete zu Gott, daß, wenn er mich leben lassen würde, ich seinen Kindern im Elendsviertel dienen würde.«

Schon bald genas Toyohiko und ruhte fortan nicht länger in

seiner Hütte. Frühmorgens fuhr er mit den Fischern zum Fischfang hinaus, und an Land half er, ihre Netze zu flicken. Nun ging auch die Dorfbevölkerung auf ihn zu, weil er sein Herz für ihre Probleme und Nöte öffnete. Zärtlich nannten sie ihn fortan »Toyo Chan«. Kagawa beschloß, ihnen das Evangelium nahezubringen und sammelte die Leute im Zuckerladen des Dorfes um sich, um zu ihnen zu predigen. Aus dieser Zeit in Fuso ist besonders sein autobiographischer Roman »Auflehnung und Opfer« zu erwähnen, dessen ersten Entwurf er hier in seiner verzweifelten Armut auf den Seiten alter weggeworfener Zeitungen und Zeitschriften niederschrieb.

In seinem späteren Leben sollte Toyohiko den Aufenthalt in Fuso nie vergessen. So beschrieb er in den 30er Jahren in seinem Buch »Der Seelöwe« sehr anschaulich die Armut der Fischer und ihre tägliche gefährliche Arbeit auf völlig unzureichend ausgestatteten Booten. Im Herbst 1936 schuf er dann auf genossenschaftlicher Grundlage die erste Versicherungsgesellschaft für Hochseefischer zur Beschaffung von seetüchtigen Booten.

Im Jahre 1908 kehrte Toyohiko Kagawa an das »Kobe Shingakko« zurück und setzte seine Studien fort. Voller Tatendrang begann er jetzt auch Deutsch zu lernen. »Ich habe die Absicht«, schrieb er in sein Tagebuch, »Deutsch zu lernen, und wenn ich von früh bis spät studieren muß.« – »Deutsch! Deutsch! Deutsch! Bin bis halb drei Uhr früh aufgeblieben, um deutsche Literatur zu studieren.«

Seine Arbeit ging gut voran, bis sich plötzlich eine Stirnhöhlenentzündung einstellte und er sich kurz darauf im Prefectural Hospital in Hyogo operieren lassen mußte. 26 Tage später erlitt er einen schweren Anfall mit inneren Blutungen und schwankte erneut zwischen Leben und Tod.

In der Zeit von 1907 bis 1909, in der Toyohiko Kagawa oft krank war, setzte er sich häufig mit den Fragen des Lebens und des Todes auseinander. »Der Mensch muß leben, um Gottes Willen auszuführen«, sagte er, sah aber auf der anderen Seite auch einen von Gott geschaffenen Menschen der Negation.

Über diese beiden Pole grübelte er viel nach und kam zu dem Schluß, daß der Mensch die Freiheit hat, zwischen Leben und Tod zu wählen. Wenn jemand den Tod durch Selbstmord sucht, versucht dieser Mensch, den Verstrickungen der Zeit und der zeitgebundenen Existenz zu entfliehen, die ihm auferlegt ist, und gewinnt dennoch die absolute Freiheit, ungeachtet der Selbstaufgabe.

Nach Toyohiko Kagawa läßt sich der Schöpfer in seiner unendlichen Weisheit herab, es dem Menschen, einem Produkt seiner Schöpfung, zu erlauben, nach göttlicher Natur zu trachten, sich mit ihm in seinem Leben auseinanderzusetzen und auch den tatsächlichen Gewinn durch den »absoluten Sieg« im eigenen Tod und in der ewigen Verneinung zu erreichen. Wenn der Mensch jedoch das Leben wählt, muß er sich der Lebensspanne beugen, die Gott mit seinem ewigen Willen festgelegt hat. »Wir müssen uns unterordnen und Gottes Vasallen werden. Wir müssen die Unterdrückung durch seinen göttlichen Befehl ertragen.«

Trotz aller Zeichen der Genesung und eines guten Vorankommens im Studium hinterließ die Krankheit tiefe Spuren der Depression. Am 22. Januar 1909 träumte er von der Selbstaufopferung und hielt folgendes dazu in seinem Tagebuch fest: »Ich möchte Selbstmord begehen. Selbstmord!« Diese geistigen Qualen verstärkten sich noch in den folgenden Monaten. Anfang April schrieb er: »... Ist Selbstmord verrückt? Was macht es aus, ob wir über das Christentum oder seinesgleichen sprechen, es ist alles eine Lüge. Es gibt keinerlei Kraft, die außer der wirtschaftlichen existiert.«

Ende Mai wuchs sein Unbehagen bis an die Grenzen des menschlich Erträglichen: »Ich bin verzweifelt. Verzweiflung! Ich bin in tiefsten Zweifeln bezüglich der menschlichen Werte, an denen ich verzweifle. Ich weine jeden Abend. Verzweiflung. Verzweiflung, Verzweiflung. Selbstmord! Die Menschennatur ist eine Lüge.«

Als er im Juli 1909 am Tiefpunkt seiner Krise das Buch »Die Philosophie der Verneinung« (»Mu no Tetsugaku«) schrieb,

Tagebuch aus Kagawas Studentenzeit
(»Widerspruchsnotizen« genannt)

glich dies fast einem kurzen, prägnanten Testament, in dem er
seine inneren Kämpfe ausdrückte und gegen den allerletzten
Funken seines Glaubens anging: »...Ich bin jetzt von den
schrecklichsten Zweifeln ergriffen. In der Vergangenheit beun-
ruhigte mich die Erlösung und die Lehre von der Dreieinigkeit.
Das Jahr davor quälte ich mich über die Beziehung der Seele zur
determinierten Evolution der Gesellschaft. Letztes Jahr ließen
mir die Fragen keine Ruhe, die den Wert der Gesellschaft
betrafen und ob die Seele nach dem Tod weiterlebt. Und ich
kam zum Schluß: falls Werte existieren, ist das genug. Aber
dieses Jahr quält mich die Frage, ob die Gegenwart überhaupt
einen Sinn hat.

Ach, hat die Gegenwart irgendeinen Sinn?... Ist es möglich,
daß Gott wirklich eine Welt ohne jegliche Werte schuf? Ist
unsere Existenz ein Schöpfungsakt Gottes oder ist sie das
Resultat sinnlichen Handelns der Menschen?... In der Vergan-

genheit habe ich gesagt, ich möchte weiterleben und nicht sterben, aber jetzt plagt mich der Schmerz derart, daß ich nicht länger leben will... Ach, der Wert des Lebens besteht darin, an dessen Essenz zu zweifeln. Warum lebt der Mensch? Ach, die Schlußfolgerung aus alledem ist, zu sterben, sterben, sterben, sterben.

Ob die Seele stirbt oder nicht, ist nicht das Problem. In jedem Fall hat der Mensch den Tod als letztes Schicksal verdient. Der Mensch ist eine Kreatur ohne jegliche Werte. Nur der Tod besitzt einen wahren Wert. Das Leben besitzt keinen Wert im Vergleich zum Tod... Obwohl Gott allwissend und allmächtig ist, wohnte er in dieser wertlosen Welt und lebt ohne Werte fort...

Auch Gott kämpft verzweifelt. Ach, ich kämpfe geradeso wie Gott. Gott. Gott!«

Mit dieser Niederschrift »befreite« Kagawa sich. Er gewann neue Lebenskraft, wurde gleichsam neu geboren und umarmte schließlich das Leben aufs neue. Sein Ruf auf Erden sollte nun erfüllt werden.

»Der Ruf Gottes an den Menschen ist von mancherlei Art: innen ruft Gott den Menschen ohne Unterlaß mit mancher Mahnung und innerlicher Warnung Tag und Nacht, und von außen: mit harten Strafen, mit all den Schicksalsschlägen, die er über uns verhängt – jetzt Freude, dann Leid. Das sind all die deutlichen Stimmen, mit denen Gott den Menschen ruft. Würde der Mensch diesen liebevollen, sanften Rufen folgen, so bedürfte es nicht harter Stimmen, so manchen Leides und so mancher Schicksalsschläge« (Johannes Tauler in der 65. Predigt).

Kagawa entschließt sich, im Slum zu leben

Eines Tages besuchte Kagawa Dr. Myers und erklärte ihm: »Herr Dr. Myers, ich habe meine Absicht geändert. Ich möchte kein ordinierter Pfarrer werden. Ich habe mich entschlossen, in den Slums zu leben.« Trotz vieler Versuche konnte ihn niemand mehr von seinem festen Entschluß abbringen. So zog er dann Weihnachten 1909 in sein neues Quartier in den sogenannten »Löchern der Ärmsten«, dem Stadtteil Shinkawa, in Kobe ein. Seine wenigen persönlichen Sachen hatte Toyohiko auf einen Handwagen geladen, den er zusammen mit dem erst kürzlich aus dem Gefängnis entlassenen Brandstifter Tachiki über die Higurashi-Brücke (die Übersetzung bedeutet sinnigerweise »Von-der-Hand-in-den-Mund«) des Ikuta-Flusses zog. Jetzt hatte er seinen Wohnort in das Elendsviertel verlegt, in diese eiternde Wunde der Großstadt, die Brutstätte von Armut, Verkommenheit, Laster und Verbrechen.

Hier nun sollte Toyohiko Kagawa in den nächsten 14 Jahren und 8 Monaten inmitten von Ungeziefer, Schmutz und Krankheit leben. Aber ohne Furcht bewegte er sich dort mitten unter den von Krätze, Pest, Tuberkulose und Syphilis belasteten Menschen. Sein einst so kränklicher Körper schien nun immun zu sein gegen all diese Krankheiten, die ihm nichts mehr anhaben konnten.

Um Wesley, Toynbee, dem Heiligen Franziskus von Assisi oder Carson Bennett zu folgen, beabsichtigte Toyohiko, in christlicher Nächstenliebe alles mit den Ärmsten zu teilen. Denn er war der festen Überzeugung, aufgrund seines kranken Körpers nur noch eine kurze Zeitspanne vor sich zu haben. Darum sah er allein in den Slums eine Möglichkeit, die Bergpredigt an den Bedürftigsten praktisch auszuüben. Er war fest davon überzeugt, daß der christliche Glaube nichts für schwache Menschen ist, sondern nur für solche, die vor Liebe zu Gott gleichsam verrückt sind. So warf Kagawa alles von sich, wurde ein »Spieler Gottes« und setzte in seinem Glauben und Tun bedingungslos auf den Herrn. Er wußte, daß er mit dem Dienst des barmherzigen Samariters bei all seinen Leidensgenossen zuerst Vertrauen wecken mußte.

Toyohiko Kagawa hatte ein leerstehendes Haus gekauft, in dem nach japanischem Glauben der Geist eines Selbstmörders hausen sollte und das darum seit längerer Zeit unbewohnt blieb. Die Hütte in einer Breite von sechs Fuß und einer Länge von neun Fuß lag in der Straße Kitahon-machi, einer von elf Hauptstraßen Shinkawas, und unterschied sich ein klein wenig von den übrigen: Wie alle anderen war auch diese fensterlos und ohne Tür, doch in einem rückwärtigen Raum gab es eine Gemeinschaftsküche, einen Wasserhydranten und eine Gemeinschaftstoilette – das alles für etwa 20 Personen. Diese Einrichtungen mußte Kagawa mit einem Nachbarn teilen, der verschiedene Mädchen beherbergte und in seinem Haus ein Bordell unterhielt.

Schon bald lebte Toyohiko in seiner winzigen Hütte nicht mehr allein. Als erster zog »Kupferstandbild« zu ihm. Er wurde so genannt, weil sich seine Gesichtsfarbe durch den vielen Alkohol verändert hatte. Er war ein ekelhaft aussehender junger Mann, dessen gesamter Körper von einer Hautkrankheit verunstaltet worden war. Als nächster Dauergast ließ sich der einstige Bohnenkuchenhändler Fujita bei ihm nieder, der einen Mann getötet hatte, dessen Geist ihn nun im Schlaf verfolgte. Er litt unter panischen Ängsten und schlief dicht neben Kagawa. Vor Angst wagte Fujita oft nicht einmal, die Augen zu schließen. Daher bat er Toyohiko, dessen Hand im Schlaf halten zu dürfen. Er war fest davon überzeugt, nur noch Kagawas Gott könne diesen bösen Geist vertreiben. So schliefen beide in den nächsten vier Jahren Nacht für Nacht Hand in Hand. Als letzter zog noch Torataro Ueki in die vier Quadratmeter große Hütte.

Nun lebten in dieser Hütte fünf Menschen. Toyohiko Kagawa erhielt lediglich 5.50 Dollar vom Theologischen Seminar. Alles nur irgendwie Entbehrliche verkaufte er, um seine Mitbewohner und sich selbst ernähren zu können. Von seinen »Gästen« kümmerte sich niemand um Geld, denn »wer nicht genug zu essen hat, muß seine Kräfte schonen«, pflegte Kupferstandbild zu sagen und blieb den ganzen Tag im Bett liegen. Aber alle mußten versorgt sein. So sah Kagawa sich schließlich gezwungen, neben seinem Studium eine Arbeitsstelle anzunehmen, weil das knappe Geld nur noch zu zwei täglichen Rationen gewässerten Reises reichte. Bald schon fand er eine Stelle als

Kaminkehrer und verdiente damit weitere 5 Dollar im Monat. Dieses Geld benötigte Toyohiko auch dringendst, denn teilweise mußte er, wenn auch kurzfristig, bis zu zehn Gäste in seinem Haus unterbringen und verpflegen.

Da der Lebensraum für alle zu eng wurde, entfernte er kurzerhand einige Wände, um so wenigstens Platz zum Schlafen zu schaffen.

Unter dieser Schar befand sich auch ein Mann im letzten Stadium der Tuberkulose. Täglich wusch Toyohiko dessen verschmutzte und infizierte Gewänder. Ein anderer war geistesgestört. Obgleich er zu den gebildeten Kreisen gehörte, hatten ihn seine Freunde und die Familie verlassen. Schließlich ließ sich noch eine kranke Prostituierte bei ihm nieder, die durch und durch mit Syphilis verseucht war.

Als Toyohiko seine Arbeit im Elendsviertel aufnahm, wurde er von Tachiki unterstützt. Tachiki selbst behauptete immer wieder, durch Toyohiko Kagawas Predigten bekehrt worden zu sein. Er war 24 Jahre alt, klein von Statur und sein Gesicht war von Pockennarben übersät. Sein linker Arm war um einiges kürzer als sein rechter. Er war sehr häßlich und erinnerte Kagawa manchmal an den Buckligen in Hugos »Notre Dame«. »Sein Herz war nicht weniger häßlich als sein Gesicht. Er war Analphabet und das Kind einer Paria[12], die ihn mit den Worten ›Geh zum Teufel‹ nach seiner Geburt ausgestoßen hatte.« Eine Frau hatte den Säugling in Shinkawa aufgelesen. Nachdem er mehrmals weitergereicht worden war, war er schließlich glücklich, von Slum-Philantropisten aufgenommen worden zu sein. Als er heranwuchs, hatte er immer wieder böswillige Ausbrüche. Er zündete eines Nachts sogar ein Haus an, um es auszurauben, wurde dabei aber gefaßt und zu neun Jahren Zwangsarbeit verurteilt. Er war damals 15 Jahre alt und absolut ungebildet. Im Gefängnis zwang er sich jedoch zum Lernen und begann, die Bibel zu lesen. Wieder auf freiem Fuß, hatte er sich zu einem guten Schüler entwickelt.

Bald darauf wurden Toyohiko und Tachiki gute Freunde. Tachiki entwickelte plötzlich eine Manie des Briefschreibens –

unter den schreibkundigen Armen eine nicht ungewöhnliche Manie. Es handelte sich immer um Bettelbriefe. »Als er seine Verunstaltung erkannte, entwickelte er nicht mehr viel Ehrgeiz; er wurde ein Reiskuchendealer. Böswillig und launisch wurde er mir gegenüber, gegenüber den Schwarzen Sheriffs aber war er still und ängstlich wie eine Maus. Er wollte zum Bentenhama gehen und Reiskuchen verkaufen, weil dort viele Kulis vorbeikamen. Als die notwendigen 10 bis 15 % seiner Einnahmen pro Tag nicht zusammenkamen, wurde er mutlos, und schließlich schien er nur noch Gewalt anwenden zu wollen. Er war nicht in der Lage, mit Anstand durch seine Schwierigkeiten zu gehen. Er begann, mich für seine Schwierigkeiten verantwortlich zu machen und bedrohte mich mit Waffen. Da er zwei Jahre mein Schüler gewesen war, behandelte ich ihn wie mein Kind; denn er war sehr naiv. Aber da ich oftmals nicht wußte, wann er mich angreift, lief ich im Falle einer Gefahr vor ihm weg.

Rinjiro, der Inhaber eines Bordells, besuchte mich in diesen Tagen oftmals. Er hatte über Tachiki von mir gehört. Einerseits neigte er dazu, sich zu verändern, aber andererseits war er gierig nach Geld, das er mehrfach von mir mit einem Dolch zu erpressen versuchte.

Sonoda Umpei hieß ein anderer, der mein Haus besuchte. Er war es auch, der mich Maruyama Heikichi vorstellte, einem in Yedo geborenen Bauarbeiter. Maruyama war im Slum mein erster Schüler, aber der faulste Mann in ganz Japan. Sonoda dagegen war der aktivste Gauner im ganzen Viertel. Er war stolz darauf, nicht weniger als elf Konkubinen, alles Frauen anderer Männer, zu besitzen. Er kam öfter in mein Haus mit seiner Pistole, die ich mehr als alle anderen Waffen hasse. Die Atmosphäre im Viertel war damals noch optimistischer als heute (gemeint ist das Jahr 1921; A. d. V.), denn es war die Zeit kurz nach der Überarbeitung des Strafgesetzbuches. Sonoda z. B. hatte die Gewohnheit, mit seiner Pistole immer wie wild um sich zu schießen, wenn er betrunken war. Einmal gab es zwischen Shinya und Nanso einen Streit. Als ich dazu kam, hatte Sonoda schon eine Kugel auf Nanso abgeschossen. Einfach aus purer Laune machte er von seiner Pistole Gebrauch. Sonoda brachte auch alles zu mir ins Haus, was er für nützlich fand, so z. B. Reisstäbchen oder Puppen. Im Gegenzug gab ich ihm seine Spielkarten und Würfel zurück, die ich ihm abgenommen hatte, und er versprach mir, damit nicht wieder zu spielen. Aber ich hatte immer Angst vor einem zufällig abgefeuerten Schuß aus seiner Pistole, den er, von einer unheimlichen Macht getrieben, auslösen könnte.«

Wenn Toyohiko bedroht wurde, suchte er meistens Schutz bei Maruyama Heikichi. »Er kam zu mir ins Haus, als er Kost und Logis im Obdachlosenheim nicht mehr bezahlen konnte. Er war Alkoholiker. Wenn er einen Streit sah, ging er mutig als Friedensstifter zwischen die streitenden Parteien und trank dann dankbar mit ihnen den Wein zur Versöhnung. Doch seit seinem Einzug in mein Haus hat er keinen Tropfen Alkohol mehr angerührt. Er war auch gut zu mir und übernahm das Reiskochen. Mit dieser Arbeit in der Küche war er ganz zufrieden, wie ein Novize im Tempel; zur Arbeit ging er nie.

Mehrmals erreichte ich den Punkt, gegenüber diesem Faulpelz jegliche Geduld zu verlieren. Andererseits war er zu wertvoll für mein Studium des Slumlebens, denn er war in der Kunst des Überlebens derart gut geschult, daß er mit allen möglichen Kniffen den von Zeit zu Zeit auftretenden Schwierigkeiten entgegenwirkte und sie jedesmal wie einen Scherz behandelte. Zudem war er höflich und betete gewöhnlich jeden Tag zu Gott. Mit der Zeit gab ich es auf, mich über ihn zu beklagen und ließ ihn gewähren. Aber eines Tages verließ er mich, um mit einer Bettlerin zusammenzuleben, die ihn nun unterstützte. Bis heute geht er nicht zur Arbeit. Das ist der Grund, warum ich ihn den faulsten Mann in ganz Japan nenne. Ich weiß nicht, warum er so ist. Vielleicht ist es wegen einer Alkoholvergiftung oder seiner Augenkrankheit. Falls dem so ist, wird Gott gnädig sein und solch einen Trödler wie Maruyama versorgen. Obgleich er jetzt auf die 60 zugeht, hat er drei Kinder von der Bettlerin, die 30 Jahre jünger ist als er. Noch immer ist er daheim und versorgt die Kinder. Noch immer hat er das Beten nicht vergessen. Noch immer verzichtet er auf Alkohol. Es ist ihm nicht möglich, die Kirche zu besuchen, während seine Frau betteln geht. Aber jedesmal, wenn ich ihn treffe, erzählt er mir, daß er niemals vergißt, zu Gott zu beten. Er scheint die Inkarnation der Trägheit zu sein. Wenn er zu dem Obdachlosenheim kommt, in dem er einmal gelebt hat, steht er ununterbrochen sechs oder sieben Stunden regungslos davor. Er zeigt weder Anzeichen irgendeiner Bewegung, noch tritt er ins Haus ein, um dort zu schlafen. Er tut nichts anderes, als mit leerem Blick die Passanten anzusehen. Nur einmal habe ich erlebt, daß er schon früh am Abend zu Bett ging. Es ist für ihn immer schwierig, am Morgen wieder aufzustehen. Ich habe niemals gesehen, daß er seine Kleider ablegte, wenn er schlafen ging; es ist ihm einfach zu lästig. Oftmals aß er auch kein Frühstück oder Abendbrot. Als ich ihn fragte, ob er hungrig sei, gab er mir keine Antwort. Er wollte sich einfach nicht die Mühe machen, mit mir zu sprechen. Manchmal blieb er auch für zwei Tage im Bett, dieser faulste Mann in ganz Japan. Gewöhnlich lallte er dann nur, er sei krank, wenngleich er sich wohl fühlte.

Er hat zwei Jahre unter meinem Dach gelebt und mir während dieser Zeit zu mancher Erkenntnis geholfen. Mit wenig Wissen in das Slumleben zu springen, gleicht fast dem Unternehmen von Iwami Jutaro, dem geweihten Samurai in den Tagen des Taiko Hideyoshi. Deswegen war es für mich von großem Vorteil, ihn zu haben; denn er war mir treu ergeben und wartete stets mit dem Respekt auf mich, der einem Lord oder einem Chef mit ritterlichem Geist gebührt, für den er mich anscheinend hielt.«

Freiwillige Armut

Gerade im ersten Jahr sorgte Toyohiko Kagawa für viel Aufsehen unter den Bewohnern von Shinkawa, da sie eine tiefe Kluft der Bildung trennte. Er wurde von ihnen nur als »sensei« (Meister, Lehrer) angesprochen. Einige glaubten sogar, er sei der Sohn eines reichen Mannes, der sein gesamtes Vermögen an die Ärmsten der Armen verteilen wollte und darum hierher gekommen sei. Andere hingegen vermuteten, er erhalte als christlicher Lehrer unerschöpfliche Geldmittel aus dem Ausland.

So verlangte eines Tages der Bettler Hamada sein Hemd mit den Worten: »Du gibst vor, ein Christ zu sein; gibst du es nicht, so erweist sich dein Verhalten als Betrug.« Er erhielt das Hemd. Aber schon am nächsten Tag kam er wieder und forderte Rock und Hose. Beides bekam er.

Aber auch andere Bettler erschienen bei Kagawa und baten um Kleidung. Niemanden wies er ab. So kam auch Hamada immer wieder. Die von Toyohiko erhaltenen Kleidungsstücke behielt er für einige Tage und verkaufte sie dann. Danach trat er wieder bettelnd vor Toyohiko hin. Als er das 34. Mal zu Kagawa kam und um dessen Kimono bat, wandte sich Toyohiko von ihm ab, weil es sein allerletztes Kleidungsstück war und er an seine angeschlagene Gesundheit dachte. Hamada aber legte ihm die Hände auf die Schultern und zog ihm mit Gewalt den Kimono aus, mit dem er dann prahlend durch die Straßen zog. Toyohiko ging daraufhin zum ersten Mal in ein Badehaus, um sich hier aufzuwärmen. Der Eintritt kostete 2 Sen. Zu seiner Überraschung traf er hier mehrere Bettler. Jetzt war er so arm wie alle anderen, und so zerbrachen die letzten trennenden Schranken zwischen ihnen. »Seit dieser Zeit schlug mein Herz ganz für die Armen, besonders in kalten Nächten.«

Toyohiko Kagawa selbst besaß jetzt nichts mehr zum Anziehen, außer einem Frauenkimono, den ihm eine alte Frau aus Mitleid geschenkt hatte. Es war in Shinkawa nichts Besonderes, daß Männer Frauenkleidung trugen, doch diesen Kimono zierte eine flammend rote Linienzeichnung – die charakteristische Zeichnung für eine Prostituierte. So wurde Kagawa lange Zeit zum Gespött aller, da er kein Geld besaß, sich einen anderen Kimono oder ein anderes Kleidungsstück zu kaufen. Alles, was ihm nicht gestohlen oder mit Waffengewalt abgenommen worden war, verschenkte er.

Diese freiwillige Entsagung, die sich wie ein Kind den Händen des barmherzigen Vaters überläßt, ist bestimmend für die franziskanische Armut. So finden sich bei Franz von Assisi die Worte: »Besäßen wir Habe, so brauchten wir Waffen, um sie zu schützen. Denn aus dem Eigentum erwachsen die Streitigkeiten und die Rechtsverdrehungen, und hierdurch wird die Liebe zu Gott und zum Nächsten am häufigsten verletzt. Deshalb wollen wir keinerlei Eigentum in der Welt besitzen.«

Dennoch bedrohten und erpreßten diesen christlichen Idealisten immer wieder Mörder, Diebe und Zuhälter mit verschiedenen Waffen. Sie flohen alle in das Elendsviertel, denn es war üblich, daß die Polizei sie nicht bis hierher verfolgte. So schlug ein Betrunkener Toyohiko Kagawa einmal vier Vorderzähne aus, doch als Apostel der Liebe und Gewaltlosigkeit befolgte Kagawa die Gebote der Bergpredigt wörtlich und leistete keinen Widerstand. Nie wandte er sich hilfesuchend an die Polizei oder versuchte Gleiches mit Gleichem zu vergelten. Inmitten dieser rohen Gewalt reifte der junge Toyohiko. Er wußte genau, daß seine Mission in Shinkawa sofort beendet wäre, würde er einmal zurückschlagen. So schien sich das Zitat von Augustinus »Die Bösen sind dazu da, um die Guten zu formen« wieder einmal zu bewahrheiten.

Das Schicksal der Kinder liegt Kagawa sehr am Herzen

Aller Gewalt zum Trotz kämpfte Kagawa gegen das große Elend und die weitverbreiteten Mißstände an. So hatte es ihm vor allem das Schicksal der Kinder angetan. Je mehr Toyohiko Kagawa die Welt des herzlosen Kapitalismus haßte, desto wärmer schlug sein Herz für die Kinderwelt; sie war und blieb für ihn eine schöne Welt. »Das Kind spricht mit den Sternen. Es ist der Veilchen Freund. Es spricht mit dem Geist im Teiche. Im Wald ist es der Kamerad der Bäume. Die Libelle, der Schmetterling, die Heuschrecke beweisen ihm eine besondere Freundlichkeit. Solch ein Kind möchte ich noch einmal sein.«

Ein besonderes Problem war ihm die hohe Kindersterblichkeit von über 50%, der er hilflos gegenüberstand. Die hohe Sterberate erhöhte sich noch aufgrund des verbotenen Kinderhandels, der ein grausamer Brauch in Shinkawa war. Wenn eine Familie ein Kind in Pflege nahm, erhielt sie dafür bares Geld. Die Menschen sahen in ihrer bitteren Not oft nur das blanke Geld, nicht aber, daß das Kind weitaus mehr kostete, wenn es liebevoll versorgt sein wollte. Durch Unterernährung, Mißhandlung oder Vergiftung starben bald die meisten Kinder in den Armen ihrer neuen Eltern.

> *Ohne Geld und Essen*
> *kann ich leben –*
> *ohne Geld und Essen*
> *in Lumpen gehen.*
> *Aber hungernde Kinder,*
> *wehrlose Klagen*
> *kann ich nicht ertragen.*

So erwarb eine Frau, die im Elendsviertel nur die »Teuflin« genannt wurde, das Kind Ishi von deren Mutter. Als sie wegen Prostitution ins Gefängnis kam, bat sie Kagawa zu sich und übergab ihm das todkranke Kind, das bisher keine Liebe erfahren hatte. Toyohiko Kagawa, der sich zu der Zeit selbst auf eine Prüfung vorbereitete, nahm das fieberkranke Kind zu sich. Das Fieber stieg ständig, und das Mädchen drohte zu sterben. Kagawa war tief verzweifelt, wußte er doch nicht einmal, wie aus Kondensmilch Babymilch gemacht wird. Er ging darum zu einem Arzt und ließ es sich zeigen. Danach fütterte er das Baby, wusch es täglich und sang es in den Schlaf. Etwa sechs Monate später fand Kagawa die leibliche Mutter des Kindes. Diese versprach, fortan dem Kind all ihre Liebe angedeihen zu lassen.

»Man stand vor der Versuchung, diesem entsetzlichen Stück Erde mit ihrem Elend den Rücken zu kehren und alle philanthropischen Grundsätze in den Wind zu schlagen, spornstreichs nach Hause zu laufen und auf schönen Matten sitzend, Philosophie zu lesen und sich zu erheben! Aber eine andere, übertönende Stimme raunte mir zu: ›Güte ist des Lebens

Würze; der soziale Einsatz fordert die Hingabe eines ganzen Lebens.‹«

Doch nicht nur das Böse regierte in Shinkawa. Kagawa erzielte mit seiner unermüdlichen Mission auch Gutes. Mittlerweile fanden sich immer mehr Menschen, die, durch eigene bittere Erfahrung getrieben, bereit waren, alles zu geben, um einem Freund in der Not zu helfen. Es kamen Frauen, die ihre letzte Handvoll Reis einem Kranken darboten. Männer gingen nicht ihrer dringenden Arbeit nach, um einem in Not geratenen Kameraden zu helfen. Niemand hätte das früher für möglich gehalten, nun aber wurde es wahr: Mord und Gewalttaten nahmen ab. In vielen Häusern fanden Hausgebete und Andachten Eingang. Wiederholt versammelten sich 70 oder 80 Zuhörer in Kagawas kleiner Kapelle zum Gottesdienst. Unter der rauhen Außenschale lebte ein guter Teil menschlicher Güte. Hinter der Armut und all ihrer Rohheit lag tief verborgen ein Band gegenseitigen Verstehens und einer gewissen Verbundenheit.

Vieles aber war nur möglich geworden, weil Toyohiko Kagawa den Ärmsten der Armen Tag und Nacht zur Verfügung stand und so nach und nach deren Vertrauen gewann. Unermüdlich fuhr er fort, Kranke zu besuchen, Kummerbeladene zu trösten, Hungrige zu speisen und Heimatlosen ein Heim anzubieten. Den Prostituierten wurde er ein älterer Bruder, der sie besuchte und mit Medikamenten versorgte, wenn sie krank wurden. Selbst für die Raufbolde hatte er das Herz eines Bruders. Niemals ließ er eine Gelegenheit aus, Gottes Liebe in seinen Beziehungen zu den vielerorts als entrechtet angesehenen Mitbewohnern wirken zu lassen, mit denen viele Japaner aus Verachtung nicht einmal mehr sprachen. Verzweifelte Eltern wandten sich an ihn und baten um Rat. Junge Menschen trugen ihm ihre verwickelten Lebensfragen vor. Verbrecher beichteten Toyohiko, Kranke und Prostituierte suchten Zuflucht unter seinem Dach.

»Ehe ich in den Slums lebte, fragte ich mich oft, wie Mädchen die Frauen von Räubern und Mördern werden konnten. Erst später kam mir die Erleuchtung in dieser Frage. Sie alle sind

gute Menschen im normalen Alltag, sogar auch die Prostituierten. Wenn sie bemerken, daß ich sie beobachte, wie sie
Passanten in ihr Haus zu locken versuchen, flehen sie mich
inbrünstig an: ›Geh bitte in dein Haus, sensei. Wir schämen
uns, unter deinen Augen unserem Geschäft nachzugehen!‹ Sie
danken es mir, wenn ich weitergehe. Sie sind überhaupt sehr
dankbar. Eine von ihnen heißt Oshika und ist jetzt 30 Jahre alt.
Ich bin sehr davon angetan, wie sie die Pflichten gegenüber
ihrer Mutter, die im Elendsviertel gut bekannt ist, wahrnimmt.
Ihre Mutter war eine Bettlerin und hatte einen Sohn und eine
Tochter, aber keinen Ehemann. Drei Münder zu ernähren, war
für das schwache Mädchen einfach zu viel, darum ging Oshika
schließlich zur Prostitution auf die Straße. Wenn ich an die
unermüdlichen Anstrengungen und Kämpfe denke, die sie
wegen ihrer Mutter und ihres Bruders ausstehen mußte, kann
ich kaum meine Tränen der Sympathie und des Respekts
zurückhalten. Wäre sie wohlhabend gewesen, hätte sie sich
niemals so erniedrigen müssen. Aber wenn Mutter und Bruder
krank darniederliegen, weil sie am Rande des Hungertodes
stehen, gibt es für sie keine Alternative, als heimlich eine
Prostituierte zu werden. Wer kann da die Huren des Elendsvier-
tels als schwache Frauen verdammen? Ich habe mich mit ihnen
als ihr Freund verbündet und entdeckt, daß sie unser aller
Respekt verdienen.« Toyohiko Kagawa wies niemanden ab, der
an seine Tür pochte. Für alle schlug sein offenes Herz.

Daneben machte er Front gegen Krankheiten, den Alkoholismus, das Rauchen und die sexuellen Laster; denn er sehnte sich
danach, »daß die Jugend moralisch, klar und tapfer sein solle«.
Toyohiko Kagawa wurde auch eine der führenden Persönlichkeiten in dem Bemühen um die Ausrottung der Lepra und der
Tuberkulose. Schließlich trat er in Wort und Schrift gegen den
vorherrschenden Kapitalismus in der Welt ein, der den Arbei-
terstand auszusaugen drohte. Kagawa wußte, wie gefährlich
dieser Weg war, starben in diesem Kampf doch jährlich viele
weltweit bekannte Arbeiterführer. Erinnert sei hier nur an
Nicola Sacco und Bart Vanzetti, die am 22. August 1927 in den

Vereinigten Staaten auf dem elektrischen Stuhl ihr Leben ließen.

Kagawa setzt sich für soziale Reformen ein

Mit zahlreichen Zeitungsartikeln und Büchern beabsichtigte Kagawa, das öffentliche Gewissen hinsichtlich der weitverbreiteten Not zu schärfen. In seinem Kampf um Gerechtigkeit und für das Wohl aller wählte Toyohiko als Grundlage das Christentum, um so auf jede Gewaltanwendung von vornherein verzichten zu können. Das sollte auch ein feierlicher Protestumzug im Jahre 1912 beweisen, an dem 35 000 Arbeiter aus den Städten Kobe und Osaka teilnahmen und an dessen Spitze Toyohiko Kagawa marschierte. Damit begann seine soziale Laufbahn. Er wurde Leiter von Temperenz- und Anti-Bordell-Vereinen, Führer der Vereinigten Arbeitervereine Japans, Sekretär des japanischen Arbeiterverbandes, und einige nannten ihn bereits den »Führer Jung-Japans«.

Aufgrund der unzureichenden sanitären Einrichtungen für die etwa 11 000 Bewohner Shinkawas, unter ihnen entlassene Sträflinge, Krüppel, Blinde und geistig Behinderte, waren die Wohnbedingungen und die sanitären Verhältnisse unvorstellbar. Auf den ungepflasterten Gassen dampfte der Unrat von Abfällen aus den Häusern, den überschwemmten Klosetts und von dem Rückfluß der übermäßig in Anspruch genommenen Kloaken. Infolge dieser starken Verschmutzungen und der mangelnden Hygiene wüteten im Elendsviertel oft Krankheiten. In den fast 15 Jahren seines Aufenthaltes brachen dreimal die Pest, fünfmal die Cholera, dreimal Typhus, zweimal Dysenterie und dreimal die Blattern aus. Oft starben an einem einzigen Tag Dutzende von Menschen.

Kagawa sah sich gezwungen, sein Arbeitsfeld noch zu erweitern, denn er wollte den vielen kranken Mitbewohnern der Slums helfen. Daher kaufte er eine nahegelegene Hütte und richtete eine Apotheke sowie eine Klinik ein. Es gelang ihm,

Ärzte zu gewinnen, die hier ohne Entgelt in ihrer Freizeit Dienst taten. Eine von ihnen war Kagawas Schwägerin Fumi. Ihren Einsatz für die Menschen in Shinkawa mußte sie jedoch mit ihrem frühen Tod im Jahre 1917 bezahlen, nachdem sie sich dort verausgabt hatte. Toyohiko Kagawa setzte ihr mit seinem wunderschönen Buch »Ein Weizenkorn« ein Denkmal und schrieb über Yoshie Fumi: »Sie war wirklich eine außergewöhnliche Frau, die verkörperte Barmherzigkeit.«

Nachdem Kagawa in Shinkawa Fuß gefaßt hatte, stellte er zu seinem Entsetzen eine schleichende Resignation unter den Bewohnern fest. Viele sahen für sich keine Zukunft mehr und waren daher zu müde, für den nächsten Tag einen festen Plan zu schmieden. So trieb es sie immer mehr zum Alkohol, zur Prostitution, zum Diebstahl und zum Spiel. Toyohiko fühlte, daß er gegen diese innere Selbstzerstörung etwas tun und den Ärmsten der Armen neue menschliche Werte vermitteln müßte. Dazu war es aber notwendig, daß die Bewohner ihren Status quo aufgaben und ihr soziales Gewissen erhoben.

Daher beschloß er, mit den ersten sozialen Reformen zu beginnen. Entschlossen ging er dazu über, nicht länger die Betonung nur auf die christliche Nächstenliebe zu legen, sondern in der Seele der Slumbewohner ein Gefühl der Selbstachtung und menschlichen Würde zu wecken. So unternahm Kagawa den mutigen Versuch, die Menschen am Abend in einer Schule zusammenzufassen und ihnen etwas Lesen und Schreiben beizubringen. Doch blieb es nur beim gutgemeinten Versuch, denn schon nach wenigen Wochen mußte er dieses Vorhaben aufgeben – es war völlig fehlgeschlagen.

Mehr Erfolg hingegen war ihm mit der Einführung von Sonntagsschulen für Kinder beschert. »Ich glaube, ein Weg, die Welt von Armut zu befreien, ist es, wenn wir die Kinder unter zwölf Jahren betreuen, d. h. der wahre Weg, die Armen zu retten, ist der, den Kindern eine wahrhaft schöpferische Erziehung zu geben, nicht nur, um sie zu einem selbständigen Leben fähig zu machen, sondern auch, damit aus ihren Reihen mit besonderen Führungseigenschaften begabte Menschen hervortreten möchten.« Um diesem hohen Ziel ein kleines Stück näher zu kommen, richtete er gut geleitete Kindergärten und Mütterschulen ein.

Toyohiko Kagawa war im Jahre 1909 in das Elendsviertel gezogen, ohne sich der wirklichen Wurzeln der Armut oder der Bedürfnisse dieser Menschen im klaren zu sein. So wandelte er zunächst im Stile eines abendländischen Heiligen unter den Analphabeten von Shinkawa, die weder etwas über ihre eigene Tradition noch über das Christentum wußten.

Unvorstellbar ist die Tatsache, daß auch ein Großteil der Bewohner von Kobe nichts von dem Elendsviertel in ihrer Stadt wußten! Dies änderte sich aber schlagartig im Jahre 1910. In diesem Jahr deckte die Polizei im letzten Moment noch ein Attentat gegen Kaiser Meiji auf, der von einer Anarchistengruppe erschossen werden sollte. Dieses Vorhaben elektrisierte die gesamte Nation. Eine allgemeine Empörung stieg auf, die sich gegen die gesetzlosen Zustände richtete, die in diesen mittellosen Bezirken der Städte herrschten und solch eine arglistige Gewalt hervorbrachten. Was Toyohiko in seinen unzähligen Schriften bisher nicht geschafft hatte, war nun über Nacht eingetreten: Die Öffentlichkeit nahm das Elend in den Städten wahr und setzte sich damit auseinander. Die Regierung, nun verängstigt und möglichen Gewaltakten vorbeugend, gab eine Studie in Auftrag, die die öffentliche Armut erforschen sollte. Dieser »Bericht über die Untersuchung der Armut« (Chosā Hōkokusho) erschien 1913, und Toyohiko Kagawa erhielt Zugang zu diesem Bericht. Er kritisierte anschließend große Teile daraus, weil die wirtschaftlichen Bedingungen der Armen viel zu ungenau dargestellt worden waren.

Auch Toyohiko Kagawa setzte sich seit dem Attentatsversuch wieder verstärkt mit der Armut und ihren Auswirkungen auseinander, denn Gewalt war für ihn kein geeignetes Mittel, um für Rechte zu kämpfen. So las er in den öffentlichen Bibliotheken alles, was er bezüglich der Bedürftigkeit von Menschen fand. Bei seinen Forschungsarbeiten diente ihm als

Leitfaden das Buch »Nihon no Kasō Shakai« von Yokoyama Gennosuke, das im Jahre 1899 veröffentlicht worden war. Allerdings basierten dessen Studien bezüglich der Armut erstens nicht auf Erfahrungen aus erster Hand, und zweitens hatte sich die Industrialisierung bereits so stark ausgebreitet, daß Kagawa kaum noch auf dieses Buch zurückgreifen konnte. Doch war es das einzige, das von einem Japaner geschrieben worden war. Des weiteren las er noch »Leben und Arbeit der Menschen in London« von Charles Booth, »Armut – eine Studie des Stadtlebens« von Rowntree und Friedrich Engels' »Bedingungen der Arbeiterklasse in England«.

Eine große Hilfe für das Vorankommen seines eigenen Buches »Psychologie der Armut« (Himin Shinri no Kenkyū) war zweifellos Yamamuro Gunpei, der Begründer der japanischen Heilsarmee. Die Zusammenarbeit mit ihnen brachte Kagawa um ein großes Stück voran. Doch dann kam er plötzlich an einen Punkt, an dem er spürte, daß er in einer einsamen Führungsrolle steckte, denn es gab nichts und niemanden, dem er hätte folgen können.

Kagawas erster Amerika-Aufenthalt

In Kagawa wuchs nach und nach der Wunsch, ergänzende Studien zu treiben und noch mehr unmittelbare Beobachtungen zu sammeln. Zu diesem Zweck ging er im August 1914 nach Amerika und begann an der Princeton Universität, New Jersey, mit dem Studium der Volkswirtschaft und der Soziologie. Während seines fast dreijährigen Aufenthaltes in den Vereinigten Staaten erregte ein Streik von 60 000 Konfektionsarbeitern in New York, die friedlich für ihre Rechte kämpften, seine besondere Aufmerksamkeit.

Kagawa beabsichtigte, seinen Doktortitel an der Universität von Chicago zu erwerben. Doch er spürte sehr schnell, daß er hier nicht länger bleiben könne, weil seine von Tuberkulose gezeichneten Lungen das feuchte Klima nicht vertrugen. So entschied er sich, eine Arbeit anzunehmen, um das für seine Heimreise notwendige Geld zu verdienen. Bei einer japanischen Gesellschaft in Ogden, Utah, fand Toyohiko eine Anstellung. Doch dabei beließ er es nicht: Unter seiner Führung legten die schlechtbezahlten japanischen Farmer in den Vereinigten Staaten ihre Arbeit nieder, um so von den Großgrundbesitzern eine bessere Bezahlung zu fordern. Der Streik wurde schließlich ein voller Erfolg. Fortan erhielten alle japanischen Landwirte in den Staaten zusammen jährlich 50 000 Dollar mehr Gehalt. Aus Dankbarkeit spendete die japanische Gemeinschaft Kagawa 100 Dollar. Dies war weit mehr, als er für seine Fahrkarte nach Japan benötigte.

Während Kagawas Abwesenheit von Kobe übernahmen Takeuchi Masaru und die Iesu-Dan (Freunde Jesu) seine Arbeit. Toyohiko Kagawas Frau, Haruko Shikba, die er bereits am 27. Mai 1913 geheiratet hatte, ging während dieser Zeit an die Bible Training School für Frauen nach Yokohama, um ihrem Mann nach seiner Rückkehr besser zur Seite stehen zu können. Zurück blieb auch seine Adoptivmutter, die im Jahre 1913 nach Kobe gezogen war und hier 1916 verstarb.

Als Toyohiko Kagawa am 4. Mai 1917 in die Slums von Kobe zurückkehrte, stellte er entsetzt fest, daß von seinen Täuflingen drei Mädchen zur Prostitution gegangen und 30 Jungen zu Taschendieben geworden waren und zum Teil im Gefängnis saßen.

Verzweifelt schrie er auf: »Wer stahl mir diese 33 wertvollen Seelen? Bringt sie mir zurück! Bringt sie mir zurück! Bringt sie mir noch einmal an meine Brust zurück! Der Teufel hat sie mir entrissen, welche ich so sehr liebe, und er tötet sie lebend. Es ist so, als würde man ein Ruderboot in die stürmische See setzen – nach jedem Ruderschlag wird man wieder zurückgeworfen.«

Wie sehr das Schicksal dieser jungen Menschen Kagawa ergriff, zeigen seine weiteren Niederschriften im Tagebuch. Hier beschrieb er auch zwei der Mädchen näher. Eine war die Tochter eines Samurais, der jetzt schlechte Tage durchlebte, und die andere war die Tochter eines Spielers. Beide besaßen genug Intelligenz, um eine höhere Schule mit Erfolg zu absolvieren. Kagawa hielt ihnen zugute, daß ihre Besorgnis allein dem Wohlstand zu Hause galt. Aber nur deshalb, weil sie in den Slums und in Armut lebten, wurden sie in die Sklaverei verkauft. Es ist unmöglich, so bemerkte Toyohiko Kagawa, daß ein schönes Mädchen im Elendsviertel seine Keuschheit behaupten kann. Wenn es einmal erkennt, daß die Prostituierten viel besser dran sind als sie selbst, beginnt es zu revoltieren. Viele Spieler, wenn sie einen glücklichen Treffer gelandet haben, füllen großzügig die Taschen eines schönen Mädchens. Angesichts der grausamen Armut im Elendsviertel ist dies ein leicht verdientes Geld. »Verstoßt nicht diese Mädchen, ich bitte euch. Die Armut ist der Grund für ihren Verkauf. Ich würde sie alle freikaufen, hätte ich genug Geld.«

Gründung einer Arbeiterwohlfahrts-Genossenschaft

Toyohiko suchte sofort nach seiner Rückkehr aus Amerika Bunji Suzuki auf und organisierte mit ihm eine Arbeiterwohlfahrts-Genossenschaft, um den bedürftigen Arbeitern eine Möglichkeit zu schaffen, billiger einzukaufen. Ferner eröffneten beide am 1. Juni 1922 in Osaka die erste Abendschule für Arbeiter. Toyohiko Kagawa spendete 5000 Yen, damit Professoren der Tōkyōer Imperial Universität, der Kyōtoer Imperial Universität und der Doshisha Universität als Lehrer verpflichtet werden konnten. Der Unterricht fand immer zwischen 19 und 22 Uhr statt. Schulfrei waren jeder zweite Donnerstag, der Freitag und der Sonntag. Der zu entrichtende Unkostenbeitrag betrug je Arbeiter im Monat 1 Yen. Zu diesem Zeitpunkt konnte noch niemand ahnen, daß aus dieser und der bald darauf in Tōkyō gegründeten Schule einmal führende Köpfe der Politik, Wirtschaft und Kultur hervorgehen sollten.

Bereits im Jahre 1918 war es Kagawa gelungen, seine Klinik in Shinkawa auszubauen und nun sogar der breiten Öffentlichkeit zugänglich zu machen. Im folgenden Jahr war es ihm auch

74

möglich, die bisher ohne Bezahlung arbeitenden Ärzte fest anzustellen.

Unter dem Eindruck seines Amerikaaufenthaltes begann Toyohiko Kagawa, ganz konkrete Reformen vorzubereiten und zu verwirklichen. Die verarmten und unterdrückten Dockarbeiter der Kawasaki- und Mitsubishiwerke traten 1921 illegal in einen 60tägigen Streik. Als sie Kagawa um die Führung baten,

Toyohiko Kagawa (rechts) leitete die Streiks in den Kawasaki- und Mitsubishiwerken, Kobe 1921

verweigerte er sich nicht. Kurz entschlossen gründete er eine Arbeitervereinigung – die erste Japans. Die Streikenden forderten die Anerkennung ihrer Vereinigung, das Recht zu Verhandlungen mit den Arbeitgebern sowie die Einsetzung eines Arbeiterkomitees in jeder Fabrik. Diese für die Arbeitgeber bis dahin unvorstellbaren Forderungen führten zu gegenseitiger Verbitterung. Toyohiko Kagawa forderte in seinen Reden und Predigten stets einen gewaltfreien Streik, wurde aber dennoch verhaftet, da er schon zu lange auf der schwarzen Liste der Polizei stand.

Einen Tag nach seiner Freilassung erfuhr Kagawa, daß 18 000 Arbeiter ein von Polizei und Militär umstelltes Werftgelände stürmen wollten.

Sofort eilte er ihnen nach und stellte sich ihnen auf einer kleinen Brücke entgegen. Mit den Worten »Seht, Kagawa!« wichen die Arbeiter langsam zurück. Am folgenden Tag wurde Toyohiko Kagawa erneut verhaftet.

Seine bevorstehende Entlassung sprach sich am 10. August im Elendsviertel wie ein Lauffeuer herum. Tausende erwarteten ihn schließlich vor dem Gefängnistor. Als sich spät in der Nacht das schwere Tor für ihn öffnete, brachen laute Freudenschreie hervor. Die Gefängnisleitung hatte Kagawa bewußt nachts entlassen, weil sie von der vor der Mauer wartenden Menge Unruhen erwartete. Aber niemand ging mit Einbruch der Dunkelheit heim. Geduldig harrten sie auf Kagawa, ihren »Heiligen«. Sein Weg nach Shinkawa glich dann dem eines Triumphzuges. Männer, Frauen und selbst Kinder begleiteten ihn mit Papierlaternen. Wohl kaum einer schlief in dieser Nacht.

Am nächsten Tag bedankte sich der gerührte Toyohiko auf seine Weise und lud alle Kinder zu einer Fahrt ans Meer ein. Noch nie hatten diese vorher in einem Zug gesessen oder das Meer gesehen. Vergnügt tobten sie sich am Strand aus. Diesen einzigartigen Tag dürften die Kinder so schnell nicht vergessen haben. Toyohiko Kagawa aber wurde von der bitteren Wirklichkeit rasch wieder eingeholt.

Nach dem Streik verlor Kagawa für kurze Zeit das Vertrauen der Arbeiter, weil nicht alle Ziele erreicht werden konnten. Doch dann schlugen ihm die Wogen der Sympathie erneut entgegen, und sie wählten ihn zum zweiten Delegierten der Internationalen Arbeiterkonferenz in Genf (18. 10. 1922) sowie zum Kandidaten für den Reichstag. Beides lehnte Toyohiko Kagawa entschieden ab.

Zum Zeitpunkt seiner Nominierung als Delegierter für die Konferenz in Genf hielt er sich in Fuji-Yoshida, in der Nähe des Fujiyama, in einem Kolleg des Pfarrers Isumida auf, um dort Vorlesungen zu halten. Seine Berufung lehnte er in einem Zeitungsinterview aufgrund folgender drei Punkte ab:

a) Es hat keinen Wert, nach Genf zu fahren, wenn die japanische Regierung die Internationale Arbeiterkonferenz nicht anerkennt. Würde die Regierung die dort abgefaßten Beschlüsse akzeptieren, wäre es etwas anderes.

b) Falls er nach Genf fahren würde, müßte er die japanische Regierung stark kritisieren, und dies noch weit stärker, als es die Kapitalisten tun, da die Regierung die Arbeitervereinigungen nicht anerkennt.

c) Er ist nicht zuerst an Arbeiterpolitik interessiert. Vielmehr ist es sein Wunsch, ein Diener der Arbeitervereinigung zu sein. Er möchte mit all seiner Kraft ihrem Fortbestand dienen. Zudem sei er auch viel zu unbedeutend, um als Delegierter die japanischen Arbeiter in Genf zu repräsentieren.

Wie recht Kagawa mit seinen Vermutungen in bezug auf die Arbeiterkonferenz behalten sollte, zeigte sich bereits ein Jahr später. In einem Interview mit einer in Kobe erscheinenden Wochenzeitung sagte er, daß er vom Verhalten der Regierung nicht überrascht sei. Daß aber die Behörden den internationalen Forderungen nach einem arbeitsfreien Tag in der Woche immer noch nicht nachgeben, könne er einfach nicht verstehen. Dieser Tag der Erholung komme ja nicht nur den Arbeitern, sondern ebenso den Arbeitgebern zugute.

Gründung der ersten Bauernvereinigung

Toyohiko Kagawa erkannte deutlich, daß nicht länger in Theorien geschwelgt werden dürfe, sondern die praktische Umsetzung seiner Gedanken notwendig sei. Darum wandte er sich entschlossen einem weiteren Aufgabengebiet zu: Er beabsichtigte, nach den Arbeitern jetzt auch den Bauern zu helfen, die ebenfalls in einer unsagbaren Armut dahinvegetierten. Noch im Jahre 1921 gründete er in seiner Hütte in Shinkawa die erste Bauernvereinigung. In landesweiten Veröffentlichungen forderte er die Landwirte auf, nach neuen Möglichkeiten zu suchen, dem weiten, unfruchtbaren Land zusätzlichen Nutzen abzugewinnen und nach einer besseren Technik der Bodenbearbeitung Ausschau zu halten. Sein wichtigstes Ziel war jedoch ein »neuer« Bauernstand. Aus diesem Grund errichtete er nach dem Vorbild Tolstois Bauernbibelschulen und lehrte die Jungbauern das Evangelium.

Sein Eintreten für die Sache der Bauern führte ihn nun durch das ganze Land. Er weckte in den Landwirten das Bewußtsein, daß sich für ihre bedrohte Lage ein Silberstreifen der Hoffnung am Horizont zeigte, und überall wurde er schon als ihr Retter ausgerufen. Häufig rannte er aber gegen den Widerstand verdeckter Interessen und auch von Polizeiautoritäten an. Beide erblickten in ihm nur den vermeintlichen Agitator. Die Polizei unterließ nichts, um seine Öffentlichkeitsarbeit zu behindern. In einigen Orten verweigerte man ihm sogar das Versammlungsrecht. Seine Reden wurden streng zensiert, und Detektive folgten jedem seiner Schritte.

Als Toyohiko Kagawa um diese Zeit wieder einmal nach Hause kam, fand er sein Haus von Bettlern überfüllt vor. So teilte er sein eigenes Bett mit einem von ihnen und zog sich die gefürchtete Augenkrankheit Trachoma (ägyptische Augenkrankheit) zu, die ihm beinahe das Augenlicht geraubt hätte. Für 42 Tage und Nächte war er fast blind. Er wehrte sich gegen die drohende Erblindung und betete Tag für Tag um seine Gesundung. Da hörte er plötzlich eine Stimme in seinem Inneren: »Diese Blindheit ist unangenehm, nicht wahr?« – Kagawa antwortete: »Ja, aber es ist für die Menschen unangenehm, keine Flügel zu haben, nicht wahr? Wenn sie aber Flugzeuge erfinden, ersetzen sie die Flügel.« So ist es auch mit dem äußerlichen Auge; erblindet, wendet es sich dem inneren Licht zu. Gott ist Licht. Ist die Gesundheit bedroht, und sind die

Augen erloschen, kann Gottes ewiges Licht um so heller scheinen.

Bald darauf kehrte langsam seine Sehkraft wieder zurück. In einem Brief an seine Frau schrieb er: »Allmählich, so wie die Frühlingssonne den Schnee zum Schmelzen bringt, kehrt mein Augenlicht zurück. Ich werde wieder sehen! O wie köstlich! Gott hat mich erblinden lassen, um mich das Wunder des Sehens zu lehren. Meine Seele genießt vollendeten Frieden, denn nicht nur meine leiblichen, sondern auch meine geistigen Augen sind mir aufgegangen. Trotzdem sehne ich mich nach immer neuem Licht, und mein Wunsch wird erfüllt. Ich sehe! Licht, überall Licht! Die Sonne, der Mond, ein Regenbogen, elektrische Lampen, schimmerndes Glas, buntes Geschirr, überall Licht, herrliches Licht!

Freue dich mit mir: Ich kann wieder sehen. Ich kann wieder lesen – Bücher, Briefe – japanische, französische, englische, deutsche – alles! O Licht, wie wunderbar bist du! Wie herrlich schmeichelst du dem Auge, das so lange Zeit deine Berührung nicht gekannt hat. Bleib bei mir, verlaß mich nie wieder. Leuchte mir in die tiefsten Tiefen meiner Seele.«

Später mußte sich Toyohiko Kagawa noch 13 Augenoperationen unterziehen, und dennoch verlor er die Sehkraft auf dem linken Auge fast vollständig. Jahre später sagte er, daß die Sehkraft seiner Augen gar nicht mehr so vonnöten sei, denn Gott allein sei sein sehendes Auge geworden, und er habe deutlicher als je zuvor gespürt, daß er aufstehen müsse, um Gottes Arbeit zu verrichten.

Kagawa zieht mit seiner Familie in die Nähe von Osaka

Den Mittelpunkt all seiner künftigen Arbeit verlegten Toyohiko Kagawa und seine Frau Haruko jetzt aber nach Kawaragimura, in der Nähe von Osaka gelegen. Der Grund hierfür war die Geburt ihres ersten Sohnes Sumimuto im Jahre 1922. Waren die Eltern bereit, ihr eigenes Leben Gott als Opfer im Dienst an den

Ärmsten und Elendesten darzubringen, so wußten sie, daß sie aus Verantwortung für die Gesundheit ihres Kindes in eine reinere und gesündere Gegend umsiedeln mußten. Aus Lattenkisten baute Kagawa ein Haus, und zusammengestellte Schachteln dienten als Tische oder Stühle.

Die Nähe zu Osaka war gezielt gewählt, weil sich hier die meisten Arbeiter versammelten, mit deren Hilfe Toyohiko Kagawa den Ärmsten helfen wollte. Die Shinkawaleute gehörten zu den Heruntergekommenen, den ehemaligen Verbrechern, den Bettlern, entstellt an Leib und Seele, die nirgends mehr eine Unterkunft fanden. Im Gegensatz dazu wohnten in Osaka, in dem Shikanjema-Distrikt, viele starke und gebildete Arbeiter. Osaka bildete den Mittelpunkt der Arbeitersiedlungen Japans. Bevor Kagawa mit seiner Arbeit in Shinkawa begann, ging er durch das Shikanjema-Viertel und faßte den unumstößlichen Entschluß, hier einmal seine Arbeit fortzusetzen.

Am 20. Juni 1923 traf die amerikanische Sozialreformerin Jane Addams in Begleitung von Mary Smith in Kobe ein, um von hier aus eine Vortragsreise durch Japan zu starten. Frau Addams sprach auch mit Toyohiko Kagawa in dessen Haus in Shinkawa über die allgemeine Situation der Arbeiter- und Friedensbewegung in Ost und West.

Wie wichtig ihr diese beiden Anliegen waren, ist den folgenden Auszügen der Pressekonferenz zu entnehmen, die die spätere Friedensnobelpreisträgerin aus dem Jahre 1931 im Oriental Hotel gab: »...Was sollte im Fall der Kinder getan werden, deren Verdienst zur Unterstützung der Familie benötigt wird? In Illinois wurde eine Untersuchung durchgeführt, und man kam zu dem überraschenden Ergebnis, daß von den 730 dort arbeitenden Kindern nur der Verdienst von 64 daheim wirklich benötigt wird. Das war ein ziemlich überraschendes Ergebnis; woanders kann es natürlich wieder anders aussehen. Vor allem kommt es da zur Kinderarbeit, wo die Erwachsenen arbeitslos sind. Ich würde es lieber sehen, wenn die Kinder auf der Straße spielten, als daß sie in der Fabrik arbeiten...« –

»...Der 1. Weltkrieg hat die Völker überzeugt, daß ein moderner Krieg nicht nur vom Heer oder von der Marine geführt wird, sondern von den Völkern in ihrer Gesamtheit, und die Frauen in Europa haben erkannt, daß der Krieg Hunger über ihre Familien bringt; das ist wahr. Das geschieht nicht nur in den betroffenen Ländern, sondern auch in den neutralen. Die Frauen haben gesehen, wie ihre Kinder krank aufwachsen und sterben, wie die ältere Generation leidet und wie viele Kinder zu lebenslanger Krankheit verurteilt sind. Viele Frauen kamen daher zu der Erkenntnis, daß es ihre Aufgabe ist, den Krieg zu verhindern und ihre Kinder zu lebenstüchtigen Jungen und Mädchen zu erziehen...«

Die Pläne für Toyohiko Kagawas erste Vortragsreise durch die gesamte Welt zerstörte das verheerende »Kanto-Erdbeben« vom 1. September 1923 im Großraum Tōkyō – Yokohama. Auf dem ersten Schiff, das Kobe in Richtung Yokohama verließ, war auch Kagawa. Dieses Schiff, die Yamashiro-maru, sollte eigentlich nach Shanghai fahren, doch ihre eigentliche Ladung wurde nach Bekanntwerden dieser Naturkatastrophe sofort wieder gelöscht und stattdessen Nahrungsmittel und Hilfsgüter für die Obdachlosen geladen. Wie Kagawa berichtete, ging diese Initiative vor allem auf Herrn Matsukata (Direktor der Kawasaki-Werft), Herrn Muto Sanji und Herrn Kaneko (Direktor der Suzukifabrik) zurück.

An dieser Stelle möchte ich den Bericht eines Korrespondenten der in Kobe erscheinenden Zeitung wiedergeben, um einen kleinen Einblick in das Ausmaß der Zerstörung zu vermitteln:

»Im Hafen von Yokohama, 4. September
Umgestürzte Mauern liegen formlos wie die Karten eines eingestürzten Kartenhauses im Vordergrund. Etwas weiter am Strand hinab räumen Kräne die noch stehenden Überreste weg. Überall liegen Steine herum, und die noch stehenden Überreste scheinen ausgebrannt zu sein. Die dicht am Wasser liegenden Häuser scheinen vom Feuer verschont geblieben zu sein, aber dahinter – dort, wo einmal die geschäftige Innenstadt war – ist

jetzt eine gähnende Leere, und das große Zollgebäude mit seiner zerstörten Fassade, eingetaucht in das letzte Licht des Tages, vervollständigt das Bild der Zerstörung...«

Sehr rasch lief eine internationale Hilfsaktion an. Neben ˙Amerika, Rußland und England entsandten viele andere Nationen Schiffe mit dringend benötigten Hilfsgütern. Deutschland schickte den Norddeutschen-Lloyd-Dampfer »Weser« nach Yokohama, damit dieser die über 200 Ausländer aufnahm, die mit ihren wenigen geretteten Habseligkeiten am Strand auf ihre Ausreise warteten.

Aufgrund des unüberschaubaren Ausmaßes dieser Katastrophe mit über 100 000 Toten und nahezu 5 Millionen Obdachlosen fühlte sich das Kabinett überfordert, den Aufbau allein durchzuführen. So schuf man eine Reichswirtschaftskommission, bei der der Premier selbst den Vorsitz führte. 180 der fähigsten Männer des öffentlichen Lebens berief dieser in die Kommission. Überraschenderweise gehörte auch Toyohiko Kagawa zu ihnen, der noch Jahre zuvor von der Polizei als gefährlicher Demagoge verfolgt worden war und nun sein Hauptquartier in der Matsukara-Cho, Honjo, aufschlug.

Viele seiner Freunde verstanden nicht, daß er sich nun politisch betätigte. Doch umgehend veröffentlichte Toyohiko ein Schreiben, in dem er erklärte, für ein Jahr mit der Regierung Burgfrieden geschlossen zu haben, um zum Wohle des Volkes mit ihr zusammenzuarbeiten. Seine folgenden Arbeiten in der Kommission können ohne Übertreibung als bahnbrechend bezeichnet werden.

Während Kagawa in Tōkyō verschiedene Sozialsiedlungen errichtete, um den Menschen überhaupt eine Möglichkeit zum Schlafen zu schaffen, sammelte seine Frau Haru in Kobe mit einer Rikscha[13], Sumimuto auf dem Rücken, freiwillige Spenden für die Erdbebenopfer. Durch ihren Fleiß brachte sie so viele Hilfsgüter zusammen, daß ein Schiff gechartert werden mußte, um die Spenden nach Tōkyō zu bringen.

Die Zerstörung in der Hauptstadt war unvorstellbar. Etwa zwei Drittel der Stadt waren dem Boden gleich gemacht.

Zahllose Menschen schliefen auf den kalten Steinböden der Kirchen. Als Toyohiko Kagawa einen Pfarrer fragte, warum er auf der Rasenfläche vor seinem Gotteshaus kein Zelt hingestellt habe, antwortete dieser: »Meine Arbeit ist die Predigt. Ich kümmere mich um die geistlichen Bedürfnisse meiner Herde.« Daraufhin stellte Kagawa dort selbst ein Zelt auf und setzte eine Fahne mit einem großen weißen Kreuz davor. Innerhalb kürzester Zeit war das Zelt überfüllt. Wann immer er mit Menschen zusammenkam, predigte er zu ihnen, sei es in einem überfüllten Schlafsaal oder bei den langen Warteschlangen vor der Essensausgabe.

Als sich die Versorgungslage mit Lebensmitteln immer weiter zuspitzte, schlug Kagawa der Regierung ein Gesetz vor, demzufolge Bodenspekulanten enteignet werden durften und dieser Boden dann den Bauern zur weiteren Bewirtschaftung zur Verfügung gestellt werden sollte. Dieses Gesetz diente nach dem Zweiten Weltkrieg dem Parlament als Grundlage für die Neuverteilung des Bodens.

Anschließend wurde Kagawa gebeten, noch in folgenden Kommissionen mitzuarbeiten: Ausschuß für Arbeitslosigkeit, Ausschuß des Arbeitsamtes, Ausschuß der Auswanderungsbehörde. Durch sein energisches Eintreten für Arbeiter und Bauern erreichte er, daß von 1925 an Arbeiter- und Bauernvereinigungen legal gegründet werden durften. Doch die Behörden sahen seine Arbeit mit einem gewissen Mißtrauen. Versuchte er mit Hilfe der Regierung den Leuten zu helfen, hatten einige Regierungsmitglieder stets nur ein Lächeln für ihn übrig. Wenn er hingegen mit den bedürftigen Menschen allein zusammenarbeitete, verfolgte ihn sofort die Geheimpolizei.

Kagawas Auseinandersetzungen mit den Kommunisten

Während seiner Abwesenheit von Kobe kam es dort zu Zwistigkeiten innerhalb der Arbeiter. Der radikale Flügel der Arbeitervereinigung gewann zusehends an Macht. Etwa die Hälfte aller

Mitglieder hatte beschlossen, sich dem Kommunisten Yagi anzuschließen. Innerhalb kürzester Zeit spaltete sich die Arbeitervereinigung. Kagawa mußte tatenlos mit ansehen, wie die von ihm gegründete Vereinigung immer größere Verluste erlitt. So betrugen die Schulden im Jahre 1924 bereits 21 991 Yen. Bis zum Bankrott schien es nur noch eine Frage der Zeit zu sein, denn nach und nach reichten die Direktoren ihren Rücktritt ein. Da Toyohiko Kagawa aber von Anfang an die Union von kommunistischen Einflüssen reinhalten wollte, fühlte er sich jetzt um so mehr verantwortlich. Daher bezahlte er aus eigenen Geldmitteln die Schulden, um die Genossenschaft am Leben zu erhalten. Danach forderten die Arbeiter, nun Sake (japanischen Reiswein) zu produzieren und zu verkaufen. Kagawa wehrte sich gegen dieses Vorhaben. Daraufhin traten immer mehr Arbeiter aus der Genossenschaft aus. Eines Tages kam der Manager zu Toyohiko Kagawa und fragte ratlos, was er zu tun gedenke. Da kam Kagawa eine Idee: Nach dem Vorbild seines eigenen billigen und einfachen Anzuges sollten dreiteilige Anzüge hergestellt und verkauft werden. Innerhalb eines Jahres verkaufte man 50 000 Anzüge zu einem Preis von 1.65 Dollar. Dieses Kleidungsstück gewann sehr schnell an Popularität. Der Anzug wurde fast zum Symbol für die gesamte genossenschaftliche Bewegung. Bald schon nannte ihn jeder nur noch »Kagawa fuku«, denn das japanische Wort »fuku« bedeutet Kleidung.

Bis zu diesem Zeitpunkt mußte Toyohiko Kagawa zahlreiche Rückschläge hinnehmen, doch niemals verließ ihn der Mut vollends. Im Jahre 1926 konnte er seinen bis dahin größten Erfolg feiern: Die Regierung stellte ein Budget von 10 000 000 Dollar zur Verfügung, um damit die Slums in den sechs größten Städten Japans (Tōkyō, Osaka, Kobe, Yokohama, Kyōto und Nagoya) zu beseitigen. Aber damit war Kagawa noch nicht zufrieden: »Bessere Wohnbedingungen allein reichen nicht aus. Es muß einen Mindestlohn geben, ärztliche Versorgung, eine Arbeitslosenversicherung, Rentenansprüche und Witwenrenten; sonst wird die Armut erneut ausbrechen.«

Doch über diesen Sieg konnte sich Toyohiko Kagawa nicht lange freuen, denn der kommunistische Einfluß nahm über das ganze Land verteilt stark zu. Hatten die Kommunisten schon 1921 versucht, seinen Streik in Kobe in eine zerstörerische Aktion umzuwandeln, gingen sie nun daran, die Arbeitervereinigung zu spalten, eine von ihm errichtete Abendschule zu schließen und die Bauernvereinigung unter ihre Kontrolle zu bekommen. Fassungslos hielt Kagawa ihnen immer wieder entgegen, daß sie nur alles zerstören wollten, was er zu organisieren versuchte. Seine hartnäckigen Gegner hatten nichts anderes im Sinn, als alle Anzeichen zu beseitigen, die auf einen lebendigen christlichen Glauben hinwiesen. Da Toyohiko Kagawa als Symbol für Christus stand, hatten sie ihn als ihren Hauptgegner auserkoren. Bald schien es auch, als ob ihn jedermann attackierte: »Jetzt sprechen alle Menschen Schlechtes über mich. Jede Zeitung rechnet es sich hoch an, mich anzugreifen. Ich bin die Zielscheibe der roten Sozialisten, der Anarchisten, der Kapitalisten, der übel schreibenden Literaten, der regierungstreuen Journalisten, der Buddhisten, die mich nicht kennen, und der Christen eines eigensinnigen bigotten Typs.« – »Feinde aus allen Richtungen greifen mich an. Hier unter den Armen werde ich geschlagen bis aufs Blut. Nun bin ich zwei Wochen krank und unfähig, irgendeine Arbeit zu leisten. Dennoch werde ich alle diese Angriffe bestehen. Ich bin mir keines Unrechts bewußt. Man beschimpft mich als Pazifisten und als einen Apostel der Liebe. Es bleibt mir nichts übrig, als dies zu ertragen. Im Angesicht der Wahrheit werden Unterdrückung und Verfolgung machtlos! Im Angesicht der Wahrheit schmelzen Stahlketten und Gefängnisgitter! Freunde, fürchtet die Wahrheit nicht! Versenkt euch tief in Christi Wahrheit und schreitet mutig voran!«

Toyohiko Kagawa ließ sich nicht einschüchtern, wollte er doch nur soziale Gerechtigkeit verwirklichen. Er betonte beharrlich, daß es keinen Fortschritt ohne Opfer gäbe; denn wer den Schmerz nicht verstehe, kann auch Gott nicht verstehen. Wer nicht weiß, wie es ist, wenn jemand scheitert, weiß auch nicht, wie man Christus folgen muß. Jesus mußte sterben, um die Menschheit zu retten. Allein das Kreuz Jesu Christi bedeutet Fortschritt – nicht Tod!

Kagawa spürte jedoch, wie unter dem öffentlichen Druck ihm immer mehr Vertraute die Gefolgschaft verweigerten. So zog er sich erst einmal aus allen von ihm gegründeten nationalen Organisationen zurück und schied auch aus der Politik aus, wenngleich ihn die Nichiro Partei 1928 ohne sein Wissen für die bevorstehenden Wahlen nominiert hatte. Als Toyohiko Kagawa von seiner Nomination erfuhr, lehnte er sofort ab und begann statt dessen in Tōkyō, Kobe und Osaka wieder neue Genossenschaften zu gründen. Allein hierin sah er eine sinnvolle Möglichkeit, den Menschen in Not unmittelbar zu helfen. Doch diese Genossenschaften wiederum sind nur effizient, wenn sie von Christen geführt werden, denn allein sie vermögen diese Geschäfte ehrlich und verantwortungsbewußt zu leiten. »Ohne den Geist gesunden Christentums ist der Betrieb von Genossenschaften hoffnungslos. Wir müssen den Geist Christi haben, den Geist gegenseitiger Hilfeleistung, erlösender Liebe, oder die Genossenschaften werden ein Fehlschlag.«

Genossenschaften nach westlichem Vorbild waren in Japan nichts Unbekanntes, wenngleich Kagawa diese Bewegung zu neuem Leben erwecken sollte. Ende des 19. Jahrhunderts waren von Shinagawa Yajirō und Hirata Tōsuke die ersten Erzeuger-, Verbraucher- und Kreditgenossenschaften eingeführt worden. Diese waren durch Gesetze begrenzt und geschützt, doch zu Beginn der Taisho-Ära (1912–1926) entwickelten sie sich mehr und mehr zu einer Selbsthilfebewegung, der die Gemeinnützigkeit abhanden kam.

Seine evangelistischen Bemühungen

Neben seiner Arbeit für die Arbeiter und Bauern widmete sich Toyohiko Kagawa schon seit 1914 sehr intensiv der Evangelisation. Damals hatte er die Iesu-Dan (Freunde Jesu) gegründet.

1921 traf er mit einigen seiner früheren Kommilitonen zusammen, mit denen er die »Gesellschaft der Freunde Jesu« aus der Taufe hob. »Unsere Vereinigung hat zum Vorbild die franziskanische Liebe für die Armen, das dominikanische Predigtfeuer, den jesuitischen Gehorsam gegenüber der Kirche, die Begeisterung der Heilsarmee und die fromme Gesinnung eines Spener und Franke (sic!)[14], verbunden mit dem Geist der ›Brüder vom gemeinsamen Leben‹ eines Thomas a Kempis im Rheinland und dem Ziel, die Kirche zu lieben, nicht, wie sie ist, nicht die Kirche des Status quo, sondern die Kirche des Kreuzes, die Kirche der Liebe.«

Eine große Anhängerschar war nicht Kagawas Ziel. Er wollte vielmehr Jünger haben, die sich bedingungslos in wahrer christlicher Liebe ihren Aufgaben widmeten. So wurde ein neues Mitglied »im ersten Jahr ein ›Freund‹, im zweiten ein ›Bruder‹, und im dritten zum ›Diener‹.«

Besonders die folgenden fünf Prinzipien mußte jeder der neuen Anhänger befolgen:

Ehrfurcht (Hingabe an Gott in Jesus Christus)

Arbeit (sowohl geistige als auch körperliche)

Reinheit (sie schließt den Kampf gegen Laster und Alkohol mit ein)

Frieden (Krieg dem Krieg)

Dienst (sozial, religiös und politisch)

Bis zum Jahre 1926 waren bereits 1300 Mitglieder der »Gesellschaft der Freunde Jesu« beigetreten. Unter dem Eindruck seiner Frankreichreise im Jahre 1925, bei der Toyohiko Kagawa die Auswirkungen von einer Million Hugenotten auf die gesamte französische Gesellschaft kennengelernt hatte, sprach er erstmals den Wunsch nach einer Million Christen in Japan aus. Seine Anhänger waren von diesem Leitziel begeistert.

Durch die immer weiter steigenden Mitgliederzahlen motiviert, reiste Kagawa z. B. 1928 an etwa 200 Tagen durch das Inselreich. Die folgende Aufstellung aus dem Jahre 1929 soll dokumentieren, mit welchem Einsatz er sich um das Ziel, das

Königreich Gottes auf Erden auszubreiten mühte, wie es Jesus Christus ausdrücklich gelehrt hat:

		Veranstaltungen	Zuhörer	Übertritte
Januar	Tōhoku	57	28 866	981
Februar	Gebiet um Osaka	15	5 635	373
März	Kyūshū	62	24 882	1 251
April	Chūgoku-Kyūshū	128	61 802	2 985
Mai	Osaka-Yokohama	14	6 950	851
Juni	Okinawa-Wakayama	59	26 370	1 377
	Total	335	154 505	7 818

Doch dann stellten sich Schwierigkeiten ein. Kagawa konnte nicht, wie er es ursprünglich vorhatte, die gesamte Zeit am Evangelisationsfeldzug teilnehmen. Er war gezwungen, sehr viel zu schreiben. Monatlich mußte er 1 500 Yen aufbringen, um all die Niederlassungen in Tōkyō, Kobe und Osaka zu versorgen. Ferner waren die Gehälter von zehn festangestellten Mitarbeitern zu bestreiten. Durch seine literarische Tätigkeit mußte er jährlich mindestens 35 000 Yen verdienen. Nur das Schreiben ermöglichte es ihm, seine Arbeit nicht aufgeben zu müssen. So begann sein täglicher Arbeitstag bereits um vier Uhr morgens mit Meditation und Gebet. Nach dem Frühstück schrieb er bis gegen Mittag. Am Nachmittag organisierte er für die Genossenschaften, und am Abend zog er predigend umher. Bis zum Jahre 1928 hatte er bereits 43 Bücher geschrieben.

Dann aber sicherten ihm Freunde aus Amerika für die nächsten drei Jahre finanzielle Unterstützung zu: Mrs. Pearson, die Gattin eines Pastors der Presbyterianerkirche in New York, überwies ihm monatlich 500 Yen. Mr. Sibley, ein amerikanischer Geschäftsmann aus Georgia, sandte ihm weitere 50 Dollar im Monat. Mit diesem Geld konnte Kagawa nun billige Bibeln drucken und durch 40 Geistliche, Missionare, Wanderprediger und Laienprediger verkaufen lassen.

Auf seinen Missionsreisen durch die Dörfer führte Toyohiko Kagawa in seinen Predigten vor allem zwei Zentralthemen aus:

die Liebe Gottes und das Kreuz Christi; denn eine auf die Kreuzesliebe gegründete Gesellschaft war sein erklärtes Ziel. Als Kämpfer für das Reich Gottes wurde er nie müde, die Christen immer wieder zu ermahnen, auch wirklich Christen zu sein, ihr Christentum aus der Tiefe zu leben, und dies im Bewußtsein der vollen Verantwortung. Sein eigenes Vorbild des Mitleidens und der Selbstverleugnung verlieh seinen Worten Vollmacht, so daß die Menschen, wo immer er sprach, ihm mit angespannter Aufmerksamkeit lauschten.

Aus diesem Grund kann seine Einladung zur Konferenz der Nationalen Religionen im Jahre 1927 in Tōkyō nicht als Überraschung angesehen werden. Christen, Buddhisten und Shintoisten trafen zusammen, um die gemeinsamen Grundzüge ihrer Religionen herauszuarbeiten und nach Mitteln und Wegen zu suchen, diese dem Volk nahezubringen. Toyohiko Kagawa, wie Albert Schweitzer ein entschiedener Gegner eines in seinen kirchlichen und dogmatischen Formen erstarrten Christentums, löste sich in seinem Vortrag von der Buchreligion und zeichnete mit erschütternden Worten das Bild der körperlich und seelisch verarmten Menschen: »... Ihre Mägen sind leer. Sie haben keinen Platz, wo sie ihr Haupt hinlegen könnten. Was für ein Wert liegt für alle, die weder Nahrung noch Obdach haben, in bloßen Predigten? Gott will Gnade, keinen Ritus... Die Zeit ist da, wo die Priester der heiligen Schreine und der Tempel, die Pastoren der Kirchen ihre Schläfrigkeit abschütteln und der Wirklichkeit ins Auge schauen sollten... Ihr Buddhisten! Lest in euren Schriften nach und findet für euch den Geist wieder, der eure Vorfahren belebte. Könnt ihr deren Geist nicht wieder entdecken und in euch zum Leben erwecken, dann rollt eure Rollen zusammen und tragt sie nach Indien zurück, woher sie kamen... Ihr Shintobekenner! Wenn ihr die Schau nicht festhalten könnt, die zum Dienst an den Schwächsten und Unglücklichsten treibt, was nützen dann eure zahlreichen, sorgfältig erklügelten religiösen Gebräuche?... Und ihr Christen! Schande über euch, daß ihr gewaltige, kostbare Kirchen errichtet und es versäumt, dem Menschensohn zu folgen, der in einermKrippe geboren und in der Grabstätte eines Fremden begraben wurde...« Allen warf er vor, blinde Werkzeuge der kapitalistischen Weltordnung zu sein. Nach seiner Rede wurde die Sitzung sofort unterbrochen, und der Vorstand beschloß, Kagawa von den weiteren Verhandlungen auszuschließen.

Gründung der »Reich-Gottes-Bewegung«

Doch sein energisches Auftreten ließ die christlichen Kirchen fester zusammenwachsen. Schon im Jahre 1929 begann Kagawa einen auf fünf Jahre angelegten Evangelisationsfeldzug in Angriff zu nehmen. Zunächst beschlossen die verschiedenen evangelischen Kirchen Japans, ein Jahr lang gemeinsam eine Evangelisation in ganz Japan durchzuführen. Kagawa gab dieser Bewegung den Namen »Reich-Gottes-Bewegung« und führte sie weit über das gesteckte Anfangsziel hinaus. Er hatte sich die Aufgabe gesetzt, das Christentum als eine lebenschaffende Kraft in alle Schichten des japanischen Volkes hineinzutragen. Dies tat er auch mit unermüdlichem Einsatz, bis die Reich-Gottes-Bewegung im Jahre 1934 unter dem Druck der Militaristen zusammenbrach.

»Das Reich Gottes ist ein ewiges Streben nach Gott und nach einem Programm, das sich immer weiter entwickelt. Es ist eine Bewegung, die ständig nach oben geht, weiterstrebend nach einer vollkommen organisierten, selbstlosen Gesellschaft.« – »Das Ziel der Bewegung des kommenden Reiches Gottes ist eine christliche Gesellschaft, die Christianisierung jeder Gemeinschaft. Sie setzt sich für eine Wirtschaftsordnung ein, in der die Liebe der herrschende Antrieb ist und in welcher der Gedanke des Kreuzes aus eigenem Antrieb verwirklicht wird.« – »In dieser neuen Ordnung wird sich das Leben einer Gemeinschaft gestalten aus der Zusammenarbeit aller, im Gegensatz zu dem halsabschneidenden Grundsatz der Konkurrenz, und zwar auf dem Wege der Organisation der Produzenten, der Verbraucher und der gegenseitigen Kredithilfe.«

»Christi Botschaft gilt für die Gesellschaft ebensosehr wie für den einzelnen. Wenn man Christus nicht zum Mittelpunkt der sozialen Bewegung macht, ist die Welt dem Untergang verfallen. Wenn die Christen nach dem Programm lebten, das Christus in der Bergpredigt niedergelegt hat, gäbe es heute keinen Platz für die Roten und den russischen Kommunismus auf der Welt.« – »Das Reich Gottes hat hier auf Erden seinen Anfang, aber es vollendet sich in der Ewigkeit. Uns ist die Anleitung für seine Verwirklichung gegeben; aber was seine Vollendung bedeuten wird und das Wesen der ›Söhne Gottes‹, wissen wir noch nicht.« – »Die Anleitung besteht in der Forderung der Bergpredigt, und dazu kommt das Blut Christi. Dieses Blut Christi durchflutet alles zu jeder Zeit, allüberall. Es erreicht jede faule, jede schwache Stelle, jeden Ort der Not. Mit heilender, wiederherstellender und aufbauender Kraft durchpulst es jede Lebensphase, sowohl des einzelnen Menschen wie der Gesellschaft.« – »Darüber hinaus muß diese Bewegung des gegenseitigen Dienstes weltweit in ihrer Schau sein. Sie muß alle nationalen Grenzen überschreiten. Darin liegt Gandhis Fehler. Er denkt zu sehr in indischen Kategorien. Diese Bewegung des Dienstes untereinander, die das Reich Gottes herbeiführen will, muß international in Ausdehnung und Zielsetzung sein.«

»Im konkreten Sinn muß sie die Tarife und Tarifmauern entfernen und Freiheit des Handels auf internationaler Grundlage verwirklichen, oder kleine Nationen wie Dänemark, Norwegen, Holland, Polen, die Schweiz, Siam und Japan werden ausgelöscht werden.« – »Vor allem aber muß eine internationale Bewegung des Dienstes organisiert werden. Dem Völkerbund und dem internationalen Gerichtshof muß die Gewalt gegeben werden, über Wirtschaftsfragen zu befinden; diese Institutionen müssen durch ein inneres Leben in Christo verstärkt und belebt werden. Es ist die Aufgabe der Kirchen, für diese Einrichtungen eine christliche Atmosphäre zu schaffen und sie mit dem Geist Christi zu durchdringen.«

»Diese weite Schau des Reiches Gottes ist weit davon entfernt, die Notwendigkeit der mündlichen Verkündigung des

Evangeliums gering zu schätzen, sie steigert vielmehr diese Notwendigkeit bis zum allerhöchsten Grad. Man muß einen immer stärkeren Nachdruck auf die Evangelisation legen, da sie ein von Gott gegebenes Mittel ist, eine christliche, soziale Weltordnung zu verwirklichen.« – »Diese Evangelisation muß in ihrer Methode und Ausdehnung ebenfalls international sein. Der Unterschied zwischen nur aussendenden und nur empfangenden Ländern muß aufhören. Die alten, traditionellen Missionen, deren Hauptziel die Einrichtung von Konfessionskirchen ist, müssen von der Bildfläche verschwinden. Das gesamte weltweite christliche Wagnis muß auf die Grundlage des gegenseitigen Helfens und Gebens gestellt werden.«

Hat nicht schon der Apostel Paulus gesagt, »der Buchstabe tötet, der Geist macht lebendig«? Wenn es zwischen Wissenschaft und Nächstenliebe zu wählen galt, war die Wahl für Kagawa nicht schwer. Wie unersetzlich er sich bereits zu diesem Zeitpunkt für Japan erwies, zeigte der harte Winter 1930/31. Das Städtische Wohlfahrtsamt war mit der Aufgabe überfordert, die Not der Menschen zu lindern, da durch die hohen Arbeitslosenzahlen kein Geld zur Verfügung stand. So holte Bürgermeister Mayor Horikiri Zenjirō ganz überraschend Toyohiko Kagawa nach Tōkyō.

Er bot ihm als Jahresgehalt 9 000 Dollar und ein Auto. Doch Kagawa lehnte beides mit der Begründung ab, durch seinen Dienst am Nächsten nicht noch zur Staatsverschuldung beitragen zu wollen. Toyohiko Kagawa selbst war zur Zeit seiner Berufung an der landesweiten Evangelisation beteiligt, und die wollte er nicht aufgeben. So verbrachte er für mehr als ein Jahr zehn Tage im Monat in seinem Büro in Tōkyō und die restliche Zeit predigend auf dem Land. In der Landeshauptstadt selbst begab er sich sofort in den Mittelpunkt der Not und versuchte, für die Frierenden Unterkünfte zu finden, die Hungernden zu speisen und den Massen zu predigen. »Wo immer auch ein Bruder arbeitet oder dient, soll er in jenem Haus keine leitende Tätigkeit übernehmen, weder Kämmerer noch Kellermeister sein, auch soll er sich kein Amt geben lassen, das Ärgernis hervorrufen oder ›seiner Seele Schaden bringen könnte‹ (Mk 8, 36). Die Brüder sollten vielmehr überall die Minderen sein und allen untergeben, die im gleichen Haus sind.«[15]

Während seiner langen Tätigkeit in der Landeshauptstadt fiel ihm auch das unsagbare Elend der 30 000 Bootsbewohner ins Auge, die auf ihren winzigen Dschunken in den zahllosen Kanälen der Stadt lebten. Entschlossen packte er deren Probleme an. Zunächst einmal schickte er ihnen Krankenschwestern und sorgte dafür, daß für ihre Kinder Schlafsäle und Schulen eingerichtet wurden und die Eltern feste Wohnstätten erhielten.

Unter seiner Mithilfe versuchten die Behörden auch, den Arbeitslosen wieder eine nutzbringende Tätigkeit zu vermitteln. Kagawa arbeitete einen Plan für eine Wohlfahrtsunterstützung und für eine Arbeitslosen-Versicherung aus. Schon bald darauf erhielt jeder Arbeitslose etwas weniger als einen Yen am Tag. Dies war die erste Gesetzgebung für Arbeitslose im gesamten Fernen Osten.

Mit all diesen Bemühungen jedoch ließ es Toyohiko Kagawa noch nicht genug sein. Im Jahre 1931 begann er mit der Verwirklichung seines Planes, ein genossenschaftliches Krankenhaus in Tōkyō zu errichten. Sofort meldeten staatliche Stellen Protest an. Doch die Regierung gab schließlich 1932 grünes Licht für sein Vorhaben. Unmittelbar nach der Baugenehmigung wurde das Krankenhaus unter der Leitung von Kagawa gebaut. Wiederum konnte er viele Ärzte gewinnen, die in ihrer Freizeit ohne Bezahlung arbeiteten, und andere ließen sich fest anstellen für nur etwa 1/8 der an staatlichen Krankenhäusern üblichen Gehälter. Der Zustrom der Patienten stieg derart, daß bereits im nächsten Jahr mit einem Erweiterungsbau begonnen werden mußte.

Des weiteren forderte Kagawa schon seit Jahren unablässig die Einführung einer Krankenversicherung. Doch erst nach der Veröffentlichung eines Buches im Jahre 1936, das dieses Thema zum Inhalt hatte, wurde das gesamte Gesundheitswesen verstaatlicht. Ferner beschäftigte er sich zu dieser Zeit stark mit einer Gefängnisreform, bemühte sich um die Einführung der Sozialversicherung und einer Arbeitnehmer-Versicherungs-Gesetzgebung. In zahlreichen Werbefeldzügen setzte er sich für die Christlich-Sozialistische Partei ein, um für sie die notwendige Mehrheit bei den bevorstehenden Wahlen zu erreichen.

Aufgrund langanhaltender Untersuchungen von Krankengeschichten seiner Patienten in den Krankenhäusern erkannte Kagawa, daß oft eine schlechte oder unzureichende Ernährung die Ursache für den schlechten körperlichen und seelischen Zustand der Menschen war. Deshalb gründete er in Tōkyō eine Gemeinschaftsküche, um den Arbeitern die Möglichkeit zu geben, sich besser ernähren zu können. So arbeiteten z. B. in Kote, einem Stadtteil von Tōkyō, 80 % aller Leute entweder für sehr wenig Geld oder machten zu Hause Akkordarbeit. Um Geld zum Leben zu haben, mußten im allgemeinen alle Familienmitglieder arbeiten. Deshalb hatten sie oft nicht einmal genug Zeit, ein Mahl zuzubereiten. Entschlossen lieh sich die neue Organisation 25 000 Yen von einer genossenschaftlichen Bank und richtete eine Großküche ein. Diese war so ausgestattet, daß dreimal täglich 6 000 ausgewogene Mahlzeiten zubereitet werden konnten. Durch die Zubereitung von nahrhaften Mahlzeiten wurde auch der Krankheitsherd Beriberi bekämpft und die allgemeinen hygienischen Bedingungen wesentlich verbessert.

Kagawas Bemühungen um den Weltfrieden

Soweit es die Zeit von Toyohiko Kagawa zuließ, war er im Dienst der Evangelisation unterwegs. Jetzt nicht mehr nur innerhalb der Grenzen Japans, sondern auch darüber hinaus. Der Grund hierfür lag vor allem darin, daß er bereits Ende der 20er Jahre dunkle Kriegswolken am Horizont aufsteigen sah. So begann er in den folgenden Jahren immer wieder durch die Welt zu reisen und alle Christen zu ermahnen, ihren Glauben doch endlich in die Tat umzusetzen.

Im Jahre 1930 erkrankte er allerdings so schwer, daß die behandelnden Ärzte seinen Zustand als sehr kritisch und wahrscheinlich unheilbar einschätzten. Kagawa trat den ihm vorgeschriebenen Erholungsurlaub in einem ruhigen Ort am Fuße des Fujiyama an. Während seines dortigen Aufenthaltes organisierte er eine blühende Bauernbibelschule und schrieb drei weitere Bücher. Erfrischt kehrte er an seine Arbeit zurück und reiste noch im gleichen Jahr als Gast der Stadt Sydney nach Australien.

Im Jahr darauf unternahm Toyohiko Kagawa eine zweite Vortragsreise durch die Vereinigten Staaten und sprach diesmal vor allem in Colleges und Universitäten. Hier überfiel ihn erneut eine Krankheit, die ihn zwang, vorzeitig nach Japan zurückzukehren. Er selbst schreibt dazu:»Gerade als ich im Jahre 1931 Amerika besuchte, wurden meine chronischen Leiden durch die Reisen für die Reich-Gottes-Bewegung ernstlicher. Als ich nach Japan zurückkehrte, war ich eine Zeitlang arbeitsunfähig. Ich konnte die Erschütterungen eines Autos nicht ertragen, da mein Körper durch Wassersucht geschwollen war. Aber ich konnte auch die Arbeit für die Reich-Gottes-Bewegung nicht lassen... Daher wagte ich es, dorthin zu gehen, wohin mein Vortragsplan mich rief, nämlich in den äußersten Norden Japans. Das kalte Klima allerdings sollte für mich besonders schädlich sein. Meine Freunde, die mir zum Bahnhof Geleit gaben, weinten, da sie dachten, ich könnte unterwegs sterben. Ich selbst glaubte auch, dies könnte das Ende meines Lebens im Dienst des Herrn sein. Aber wunderbar, je weiter wir nach Norden kamen, desto gesünder wurde ich. Und als wir nach Karafuto kamen, war ich fast völlig geheilt.« So darf Kagawa sagen:»Ich besitze die völlige Herrschaft über mich. Weil ich völlige Selbstbeherrschung durchs Gebet habe und seine Kraft kenne, habe ich mich völlig in der Gewalt!«

Nach seiner vollständigen Gesundung reiste er im folgenden Jahr auf die Philippinen, und ehe er wieder nach Japan zurückkehrte, unternahm er noch einen Abstecher nach China. Doch schon zwölf Monate später sollte er erneut auf eine strapaziöse Vortragsreise durch Australien, Neuseeland und Hawaii gehen.

Voller Tatendrang reiste er vom November 1935 bis zum 1. Juli des folgenden Jahres wiederum durch die Vereinigten Staaten und sprach in über 200 Städten. Diesmal unternahm er auch einen Abstecher nach Kanada, um sich an der Colgate-Rochester Divinity School mit den Gedanken von Rauschenbusch zu beschäftigen, der seinem Genossenschaftsprinzip das »social gospel«, ein soziales Evangelium, entgegensetzte. Allerdings hatte auch Toyohiko Kagawa ein »soziales Evangelium« in seinem Programm, das er einmal mit folgenden Worten umriß: »Solange Menschen im Wahn der Ichverkrampfung nur nach der Erfüllung ihres eigenen engen Lebenszieles trachten, heften sich Not und Verzweiflung an ihre Lebensbahn, Kampf aller gegen alle, Leiden und Tod in tausendfältiger Gestalt. Opferbereiter Liebeswille, selbstloses Sich-Einsetzen des einen für den andern bringt Entspannung und schafft reine und freudeerfüllte Lebensmöglichkeiten.«

Über die skandinavischen Länder reiste er nach Indien. Anlaß war die Dritte Weltmissionskonferenz, die eigentlich im Laufe des Jahres 1938 in Sankow (China) hätte stattfinden sollen, aber aufgrund des japanisch-chinesischen Krieges jetzt vom 12. bis 29. Dezember 1938 im indischen Tambaram in der Nähe von Madras abgehalten wurde.

Welch ein Gewicht erhielt doch diese Konferenz allein durch die Tatsache, daß neben den 50 Chinesen 25 Japaner saßen, die miteinander sprachen, miteinander beteten und ein gemeinsames Wort an ihre Völker richteten, die sich auf den Schlachtfeldern bekämpften! Kagawa hob in seiner Ansprache die Mitschuld aller an der Not in der Welt, am Leid und an den Kriegen hervor. Doch zum Trost stellte er fest, daß Kriege die Christen feindlicher Länder niemals trennen könnten, so wie die chinesischen und japanischen Christen keine Gräben zwischen sich verspürten.

Mit folgenden Worten beendete Kagawa seinen Vortrag:

»Erlösung bedeutet die Wiederherstellung der Menschheit. Neue Entdeckungen in der Welt der Physik und der Sternenkunde haben begonnen, uns die Wahrheit über die Erschaffung des Weltalls zu lehren.

Aber in der Ethik haben wir nichts über die Wahrheit der Wiedergeburt gehört. Und doch lehrte Jesaja diese Wahrheit viele Jahrhunderte vor Christus. Sie wurde Wirklichkeit im Sterben Jesu Christi. Diese wunderbare erlösende Liebe – das war wirklich die Offenbarung Gottes. Wenn wir nur sagen, wir haben Vertrauen zu Gott und nicht zugleich, daß er uns liebt, können wir das Licht in Christus nicht sehen.

Paulus sagt: Wir sind Gesandte Christi, so, als besuche Gott euch durch uns. Wir bitten auch an Christi Statt, laßt euch mit Gott versöhnen (2. Kor. 5, 20). Was Paulus in Kol. 1, 24 und Phil. 1, 29 sagt, erfordert unsere Aufmerksamkeit. Paulus versucht die erlösende Liebe Christi anderen zu bringen. Und das war das wahre Leben in Christus. Wenn wir selbst gerettet sind, müssen wir die Liebe Christi weitertragen zu den anderen. Und das ist die Reichsgottesbewegung.

Obwohl wir diese wunderbare Geschichte gekannt haben, haben wir doch in der Vergangenheit schreckliche Fehler gemacht. Hier liegt eine der Ursachen dafür, daß das Evangelium Christi so langsam ausgebreitet wird.

Der Preis für unsere Erlösung ist zwar bezahlt; aber wir zeigen unseren Nachbarn nicht den Wert der Rettung, im Gegenteil, wir sündigen im Namen Christi. Doch wenn Christus für uns gestorben ist, so sollten auch wir um Christi willen sterben.«

Bei diesem Aufenthalt in Indien hatte Toyohiko Kagawa auch Gelegenheit, im Januar 1939 mit Gandhi zusammenzutreffen. Der Wortlaut dieses Gespräches, zuerst in Gandhis Zeitschrift veröffentlicht, soll hier in einem kurzen Auszug wiedergegeben werden:

Gandhi: »Wie ist die Einstellung des japanischen Volkes zum Krieg?«

Kagawa: »Ich vertrete in Japan eine ketzerische Meinung. Lieber als meine eigene Ansicht zu äußern, möchte ich von Ihnen lernen, was Sie täten, wenn Sie in meiner Lage wären.«

Gandhi: »Es wäre anmaßend von mir, meine Ansichten auszudrücken.«

Kagawa: »Nein, ich möchte sehr gerne wissen, was Sie täten.«

Gandhi: »Ich würde meine Ketzereien öffentlich erklären und mich erschießen lassen. Ich würde Ihre Genossenschaften auf eine Waagschale legen und die Ehre Ihres Volkes auf die andere. Und wenn ich fände, daß die Ehre Ihres Volkes verkauft würde, würde ich Sie auffordern, Ihre Einstellung öffentlich zu erklären und, indem Sie so handeln, Japan durch Ihren Tod das Leben schenken. Aber dazu ist eine innere Überzeugung nötig. Ich weiß nicht, ob ich imstande wäre, alles, was ich sagte, zu tun, wenn ich in Ihrer Lage wäre. Doch fragten Sie mich nach meiner Meinung, und deshalb mußte ich sie Ihnen mitteilen.«

Kagawa: »Die innere Überzeugung ist schon da, doch haben Freunde mich gebeten, davon Abstand zu nehmen.«

Gandhi: »Gut, hören Sie nicht auf Freunde, wenn der innere Freund Ihnen sagt: Tue das! Freunde, so gut sie auch sein mögen, können uns auch oft täuschen. Sie können uns nicht anders raten. Sie müssen Sie ja bitten, zu leben und zu wirken. Mit gleicher Bitte kamen sie zu mir, als ich den Entschluß gefaßt hatte, in den Kerker zu gehen. Doch hörte ich nicht auf die Freunde. Das Ergebnis war, daß ich das Glühen der Freiheit fand, als ich hinter den vier festen Mauern des Gefängnisses eingeschlossen war. Ich war in einer Dunkelzelle; aber ich fand, daß ich innerhalb dieser Mauern alles klar sehen konnte, draußen aber nichts.«

Bei einer oberflächlichen Betrachtung des gesamten Dialogs gewinnt man leicht den Eindruck, diese beiden großen Männer haben sich überhaupt nicht verstanden. Während der gesamten

Konversation brachte es Kagawa nicht über sein Herz, mit Gandhi die Frage des japanischen Faschismus' zu diskutieren. Vielmehr versuchte er immer wieder, das Gespräch auf seine Genossenschaften zu lenken, anstatt auf die bohrenden Fragen von Mahatma Gandhi einzugehen.

Dieses Verhalten Kagawas diskutierte ich längere Zeit mit Robert D. Schildgen, einem amerikanischen Kagawa-Biographen, der schließlich die folgenden drei Antworten formulierte:

1. Kagawa haßte die Gewalt derart, daß er dazu neigte, deren Existenz zu leugnen, als er merkte, daß diese außer Kontrolle zu geraten schien.

2. Kagawa fürchtete, daß zu kritische Bemerkungen seine Position in Japan schwächen könnten.

3. Kagawa fühlte eine gewisse Loyalität gegenüber Japan, und er brachte es nicht über sein Herz, seine eigene Nation einem ›Ausländer‹ gegenüber anzuprangern (dies ist übrigens eine sehr typische japanische Eigenschaft).

Wie ähnlich aber letztlich das Denken von Kagawa, dem Presbyterianer, und dem Hindu Gandhi war, zeigt das folgende fromme Lied, das »Die große Seele« Indiens in schweren Stunden seines Lebens immer wieder sang, um so neuen Mut und neue Entschlossenheit zu schöpfen:

»Der Weg des Herrn ist für Helden,
er taugt nicht für Feiglinge.
Erst bringe Dein Leben
und all das Deine zum Opfer,
und dann zeichne Dich
mit dem Namen des Herrn.
Denn wahrlich, wer Perlen sucht,
muß auf den Grund des Meeres tauchen.
Den Tod muß er verachten,
darf an drohendes Elend
an Leib und Seele nicht denken –
der Weg der Liebe führt durch die Feuerprobe.
Feiglinge schrecken zurück.

Nur wer in die Flammen sich stürzt,
trägt den Siegespreis davon.«

Nach Japan zurückgekehrt, heftete sich sofort wieder die Geheimpolizei an Kagawas Fersen. Von nun an sollte er unter ständiger Beobachtung stehen, denn er galt als möglicher Revolutionär. Auf der anderen Seite überrascht die Tatsache, daß er immer noch enge Verbindungen zum Konoe-Kabinett besaß und Mitglieder des Generalstabes gelegentlich am Sonntag seinen Predigten in der Matsuzawa-Kirche zuhörten.

Die folgenden Sätze sind aus einer Predigt wiedergegeben, die Kagawa anläßlich der 6000-Jahr-Feiern Japans im Jahre 1940 gehalten hat (das Thema der Predigt lautete: »Unser altes Erbe«): »Unser Land ist nicht begründet und aufgebaut auf einer materialistischen Basis, sondern auf religiöser Grundlage, denn wir lesen in unsern alten Büchern nichts von Soldatenhorden, auch nichts davon, daß Jimmu-Tenno das Land Yamato mit einer Armee erobert hätte. Wenn von den religiösesten Völkern der Welt gesprochen wird, werden dabei Indien und Japan immer zuerst genannt. – Was betete eigentlich Jimmu-Tenno an? Es war nicht die Sonne, noch sonst etwas Sichtbares; die Schreine der Vorzeit enthielten keine Symbole noch Götterbilder, sondern hatten ein offenes Dach, durch das man das Leuchten der fernen Berge sehen konnte. Jimmu-Tennos Gott und der Gott unserer Altvorderen war der Schöpfer des Universums, ein Gott, an den selbst die Christen glauben können. Mag sich in späteren Jahren die Religion Japans gewandelt haben, so klingt doch heute laut der Ruf nach der Religion des Gründers unseres Landes durch unsere Zeit. In unserem ältesten Epos Kojiki lesen wir von einem Yao Yorutsu No kami, was man etwa so frei übersetzen könnte: Der Gott, der alles schuf. Ich bin immer stark beeindruckt worden von der Tatsache der Freiheit unserer Vorväter. Sie waren in keiner Weise gefesselt oder bedrückt von Riten und steifen Sitten. Wir lesen vielmehr von dem Licht und dem glückhaften Leben, in dem sie standen. Keiner weiß besser als ich, daß auch der Buddhismus viele gute Lehren hat. Aber ich fühle deutlich, daß das japanische Volk

Gedächtniskapelle

viel von seiner Naturnähe und Freiheit durch die Verbreitung des Buddhismus eingebüßt hat. Darum sind wir beglückt, durch Jesus eine enge Verbundenheit mit der Natur wiederzufinden, was besonders jeden Japaner anspricht, der dem alten Erbe treu bleibt. Ich glaube, daß die Liebe zur Natur ein Bestandteil unseres alten Erbes ist und nicht verlorengeht, wenn wir an das Kreuz Jesu glauben. Vielmehr wird es dadurch gestärkt.«

Seine Tätigkeit während des Zweiten Weltkriegs

Bei seiner erwähnten Vortragsreise durch die Vereinigten Staaten im Jahre 1936 brachte Toyohiko Kagawa bei jeder nur möglichen Gelegenheit seinen tiefen inneren Wunsch zum Ausdruck, Japan und Amerika mögen sich doch immer besser kennenlernen und verstehen, »ehe sich dunkle Wolken über den Pazifischen Ozean legen«. Sein Flehen blieb aber unerhört. In der Nacht vom 7. zum 8. Dezember 1941 entfesselte Japan den Krieg gegen die USA mit dem Angriff auf Pearl Harbour. »Als der Krieg dann Wirklichkeit wurde, fühlte ich nur den einen Wunsch: am Kreuz zu sterben, draußen im Stillen Ozean – wie Jesus –, wenn ich dadurch die Versöhnung unserer Völker ohne Krieg hätte erwirken können.«

Die nun folgenden vier Kriegsjahre stellten eine harte Bewährungsprobe für Kagawa dar. Die Militärregierung verbot ihm sofort alle Aktivitäten und forderte ihn unmißverständlich auf, keinerlei Unruhe im Volk zu stiften. Den Anweisungen des Militärregimes zufolge durfte er nur noch in seiner eigenen kleinen Kapelle predigen. Alle seine bisher veröffentlichten Bücher standen auf dem Index; lediglich seine Gedichte durften weiterverkauft werden. Die Tantiemen aus dem Bücherverkauf stellten jedoch Kagawas einzige Geldquelle dar. Es blieb ihm nichts anderes übrig, als Hunderte von Büchern aus seiner Privatbibliothek zu verkaufen, um wirtschaftlich überhaupt überleben zu können. Wiederholt verhafteten ihn Polizei und

Militär, unterwarfen ihn strengen Verhören und schränkten seinen Bewegungsraum noch weiter ein.

> *»Wenn es mir nicht gelingt, mein Äußerstes zu geben,*
> *um diese besiegte Nation, die ich liebe, wieder mit aufzubauen,*
> *wie könnte ich dann Gott, unseren Vater,*
> *um Verzeihung bitten –*
>
> *inzwischen ziehe ich predigend umher,*
> *mit der Leidenschaft eines Narren*
> *inmitten dieser furchtbaren Luftangriffe,*
> *diesen Schauern von Brandbomben*
> *und furchteinflößenden Bombardements.*
>
> *Oh, allmächtiger Gott, erwecke Japan aus seiner langen Apathie,*
> *denn der Tag der Auferstehung ist überfällig.*
> *Sogar der Morgenstern wartet schon in der Dämmerung,*
> *um Japan zu wecken!*
>
> *Oh, du starke, junge Seele Japans,*
> *dies ist der Zeitpunkt*
> *für dich, um zu erwachen, um dich zu erheben,*
> *als rasche Antwort*
> *auf das Hornsignal*
> *des allmächtigen Gottes.«*

Gegen Ende des Zweiten Weltkrieges mußte Toyohiko Kagawa sogar für einige Monate untertauchen, weil er für die erste militärische Niederlage seines Landes verantwortlich gemacht werden sollte. Kräften, denen er nicht gewachsen war, wollte er durch Ausdauer und Zähigkeit trotzen. Nur so sind manche Gewalten zu besiegen, um nicht selbst zu zerbrechen. »Sei biegsam und zäh wie Bambus im Sturm« ist eine Lebensweisheit der Japaner. Kagawa wußte, daß es andere Wege gibt, seine Willensstärke und Ausdauer unter Beweis zu stellen.

Nachdem Japan am 14. 8. 1945 bedingungslos kapituliert hatte, besannen sich sowohl der Tenno als auch die Regierung erneut auf Kagawa; er sollte aktiv am Wiederaufbau teilnehmen. Schon einen Monat nach der amerikanischen Besetzung war er wieder eine öffentliche Persönlichkeit. Toyohiko Kagawa wurde Rat in der Abteilung für öffentliche Wohlfahrt (24. 9. 1945), leitender Direktor der Nationalen Vereinigung für Ernährung (27. 9. 1946), Wohlfahrtsberater der Stadt Kobe (9. 10. 1946) und außerdem Mitglied des Ausschusses, den die Regierung einsetzte, um über die Einführung eines neuen parlamentarischen Systems und die Abhaltung allgemeiner Wahlen zu beraten.

Wieder ein Mann des öffentlichen Lebens, lud sogar Kaiser Hirohito Toyohiko Kagawa zu einem Treffen am 7. Februar 1946 in den kaiserlichen Palast ein. Eine Stunde und 45 Minuten sprach Kagawa mit der kaiserlichen Familie. Dabei betonte er, Japan bedürfe nun einer besonderen Charakterbildung und seine kaiserliche Hoheit selbst müsse Vorbild für Demokratie und Gerechtigkeit gegenüber dem Volk sein. Er wies ausdrücklich darauf hin, daß ein Mann oder eine Nation nur durch den Dienst am Nächsten seinem Volk Frieden und Harmonie bringen könne.

Etwa acht Tage später geschah etwas für die Japaner völlig Unglaubliches: Der Tenno trat erstmals öffentlich auf! Bis dahin war er für sein Volk unsichtbar geblieben. Bisher hatte es lediglich einmal seine Stimme im Radio gehört (1. 1. 1946). Toyohiko Kagawa hatte ihn zu einem Treffen von rund 20 000 Flüchtlingen eingeladen, und seine kaiserliche Hoheit war dieser Einladung gefolgt. Derartige Zusammenkünfte wiederholten sich in den folgenden Monaten. Dadurch rückte der Tenno von seinem Göttlichkeitsanspruch ab, wie er es in seiner Neujahrsansprache 1946 zugesagt hatte und wie es die neue japanische Verfassung von ihm verlangte.

Die Regierungsgewalt ging mit dem Tag des Inkrafttretens der neuen Verfassung am 3. Mai 1947 in die Hand des Parlaments über. Toyohiko Kagawa schrieb hierzu im Chicagoer Wochenblatt »The Christian Century« folgendes:

»An Stelle einer blutigen Revolution hat sich schnell eine unblutige vollzogen. Diese ›Revolution‹ hat im wesentlichen folgendes erreicht:

1) Den Verzicht des Kaisers auf die ihm zugesprochene Göttlichkeit und die feste Verankerung des Grundsatzes, daß die Souveränität beim Volk liegt.

2) Die gesetzliche Anerkennung der Arbeitergewerkschaften.

3) Die Abschaffung der genehmigten Prostitution.

4) Den Verzicht auf das Recht zur Führung von Kriegen.

5) Die Befreiung der Bauernschaft durch die Durchführung des Bodenreformgesetzes.

6) Die Festigung des Grundsatzes der Gedankenfreiheit und die gesetzliche Anerkennung der Kommunistischen Partei.

7) Die Gewährung bürgerlicher Rechte für Frauen.

8) Die Inkraftsetzung des Gesetzes über die Sicherung des Lebensunterhaltes.

9) Die Einsetzung einer gefestigten Legislativ-, Administrativ- und Justizgewalt.

10) Die Schaffung einer demokratischen Regierung. Wäre Japan nicht besiegt worden, so würde es dazu im nächsten Jahrhundert oder in den nächsten zwei Jahrhunderten wahrscheinlich nicht gekommen sein.

Es gibt keinen Adel mehr. Die 13 Prinzen von Geblüt, abgesehen von den drei Brüdern des Kaisers, sind gewöhnliche Bürger geworden. Jiirhiro Matsumoto, ein Mitglied der Klasse, die sich ehemals absonderte, ist zum Vizepräsidenten des Senats (House of Councillors) ernannt worden und wurde nicht von seinem Posten entfernt, obwohl er es ablehnte, vom Kaiser in Audienz empfangen zu werden.

Eine bemerkenswerte Erscheinung in Japan ist, daß die Regierungsautorität sehr gering geschätzt wird.«

Auch die verschiedenen Parteien nahmen ihre Arbeit wieder

auf. Eines Tages traten verschiedene Arbeiterführer an Kagawa heran und baten ihn, mit zwei weiteren Führern die Arbeiterpartei neu aufzubauen. Als der Wahlkampf begann, erkrankten plötzlich seine beiden Mitstreiter. Deshalb mußte Toyohiko Kagawa die schwere Last allein tragen. Bei diesen ersten öffentlich ausgeschriebenen Wahlen im Jahre 1947 errang seine Partei 165 der möglichen 466 Sitze. Durch die Bildung einer großen Regierungskoalition war auch die Arbeiterpartei an den Regierungsgeschäften beteiligt. Von ihren 13 Abgeordneten waren immerhin sechs Christen. Als Vorsitzenden der Arbeiterpartei empfahl Kagawa schließlich den langjährigen Sekretär Tetsu Katayama, einen christlichen Richter aus Tōkyō, als Vize-Präsidenten Herrn Nishio, den er in seiner ersten Arbeiterschule in Osaka noch selbst unterrichtet hatte, und als Minister für Arbeit und Verkehr Herrn Mizutani, den er selbst in Kobe getauft hatte.

Am 31. Dezember 1948 verabschiedete das Parlament ein großes Gesetzeswerk. Danach war die Regierung berechtigt, von den Großbauern billig Boden aufzukaufen und diesen wiederum an Kleinbauern billigst abzugeben.

So erhielten fast 45 % aller japanischen Landwirte, die früher nur Pächter waren, zum ersten Mal eigenen Grund und Boden. Die Regierung gewährte ihnen eine Zahlungsfrist von 23 Jahren. Der zu zahlende Betrag belief sich oft nur noch auf den zwanzigsten Teil des ursprünglichen Preises.

Das Land nach den langen Jahren der Leibeigenschaft der Bauern so aufzuteilen, war der sicherste Weg, einen Aufstand zu vermeiden. Warteten doch schon die Kommunisten seit 1930 wieder auf ihre Chance, eine Revolution zu beginnen, wenn ihnen bisher auch jeder Erfolg versagt geblieben war. Nach Kriegsende, als Hunderte ihrer Anhänger wieder aus den Gefängnissen entlassen worden waren, versuchten sie es erneut.

Unermüdlich redeten sie einerseits auf ihren Kundgebungen den Städtern ein, mehr Nahrungsmittel zu verlangen. Andererseits hetzten sie die Bauern in den Dörfern dazu auf, keine weiteren Nahrungsmittel mehr nach Tōkyō, Osaka und in die anderen Großstädte zu liefern.

Als Kagawa gleich nach dem Krieg Berater des Premierministers geworden war, drängte er sofort, Nahrungsmittel für die schlecht versorgte Stadtbevölkerung zu beschaffen. Sowohl der Premierminister als auch der Finanzminister stimmten dem Vorschlag begeistert zu, daß die für Kagawa typischen und effizienten Produktions- und Verbrauchergenossenschaften wieder eingerichtet würden. Aus unerklärlichen Gründen änderte jedoch die Regierung kurz darauf ihren eingeschlagenen Kurs, gab Toyohiko Kagawa aber freie Hand, der nun wieder einmal die ganze Verantwortung allein tragen mußte.

Um sein Vorhaben finanzieren zu können, borgte er sich kurzentschlossen 1/2 Million Yen von dem Herausgeber einer japanischen Zeitschrift. Er wußte, wie schwierig es sein würde, unter den Arbeitern neue Verbraucher-Genossenschaften einzurichten. Doch aufgrund der schlechten Versorgungslage war er imstande, ohne weitere Probleme 30 000 Genossenschaften in den Großstädten zu errichten. Dies war aber nur möglich, weil Kagawa in seinem Amt als Präsident der japanischen Bauern-Union ebenso zu den Bauern ging und sie bat, doch noch mehr Nahrungsmittel in die schlecht versorgten Großstädte zu schicken. Im Gegenzug half er ihnen, ihre ländlichen Genossenschaften wieder aufzubauen. Allein unter den Landwirten gab es jetzt 33 000 Genossenschaften. Nationale Gesundheits- und Produktionsgenossenschaften waren damals einzigartig für die ländlichen Gebiete. Auf diese Weise konnte dem Vordringen der Kommunisten auf japanischem Boden erneut Einhalt geboten werden.

Hatte Kagawa auch den ihm vom Tenno angebotenen Ministerposten wiederum abgelehnt, so sollte er nun, solange es ihm gesundheitlich möglich war, zur einen Hälfte dem Sozialminister als Berater zur Seite stehen und zur anderen Hälfte als Prediger von Stadt zu Stadt, von Dorf zu Dorf ziehen und die Lehre Jesu Christi verkündigen.

»Etliche sagen, die Zeit der Evangelisation ist vorbei. Welche

Torheit! Braucht man keine Evangelisation mehr, wenn in Japan die Bevölkerung jährlich um eine Million Seelen zunimmt? Ganz im Gegenteil! Flammende Evangelisationen sind deshalb um so nötiger! Massenevangelisation und Reiseevangelisation – das alles sind nur verschiedene Phasen religiöser Massenerziehung. Ich beklage tief, daß es in Japan Christen gibt, die eine angriffsfreudige Evangelisation herabsetzen. Sie glauben, Erziehung reiche aus. Das ist ein arges Mißverständnis. Ich bekenne, daß Erziehung wichtig ist. Aber die Art, wie Paulus und Petrus evangelisierten, darf unter keinen Umständen vernachlässigt werden! Zumal hier im Osten, wo wir alle Kraft einsetzen, um Kirchen aufzubauen, die sich selbst erhalten, ist es von größter Wichtigkeit, ein Riesenheer von Laienpredigern heranzubilden. Deshalb muß man so großen Wert darauf legen,

Kagawa während einer Auslandsreise in Norwegen (1950)

daß insbesondere auf dem Land Bibelschulen mit Kurzlehrgängen eingerichtet werden.«

Neben seiner missionarischen und sozialen Tätigkeit setzte Kagawa nun verstärkt seine Auslandsaufenthalte fort, um einerseits den weltweiten Einladungen nachzukommen, andererseits aber auch, um caritative Einrichtungen zu studieren, die er möglicherweise auf japanische Verhältnisse übertragen könnte.

Kagawas Deutschland-Besuch

So unterbrach Toyohiko Kagawa seinen sechsmonatigen Aufenthalt in England, um auf Initiative von Dr. Hans Leitner, Pastor der Methodistenkirche in Hamburg-Barmbeck, in der Zeit vom 4. bis 14. April 1950 durch die Bundesrepublik Deutschland zu reisen. Gleich sein erstes Reiseziel war die Viktorshöhe in Bad Godesberg. Hier traf er mit Bundespräsident Theodor Heuß zu einem 50minütigem Gespräch zusammen. Anschließend fuhr er nach Bethel, um sich über die dortigen Anstalten zu informieren. »Wonderful! Ich bin nicht im geringsten interessiert an der Auseinandersetzung über Dogmen, sondern nur an dem praktischen Ausdruck der Lehre des Evangeliums, und dies ist die Verwirklichung der Liebe Christi.« Kagawa sprach den Wunsch aus, japanische Schwestern zur Ausbildung nach Bethel schicken zu können, damit sie dann in ihrem Heimatland ihr Wissen und Können zur Linderung der Not einsetzen könnten.

Zu seinem am Nachmittag um 15 Uhr angesetzten Vortrag mußten die Veranstalter in die Zionskirche ausweichen, weil sich etwa 800 Menschen eingefunden hatten, aber nur mit höchstens 200 gerechnet worden war. Am Abend dieses Gründonnerstages saß Kagawa noch mit dem Direktor, Pastor Hardt, und verschiedenen Pastoren und Studienräten zusammen. Sicherlich fand nicht alles, was Toyohiko Kagawa über die Missionierung Japans durch Ausländer sagte, deren volle

Zustimmung: »Ich habe schon amerikanischen Missionaren geraten, daß sie unterwegs ihre Pfeifchen über Bord werfen möchten. Missionare, die rauchen, trinken oder sich ihre Zeit mit der Angelrute vertreiben, können wir in Japan nicht gebrauchen.«

Über Düsseldorf ging die Reise weiter nach Essen, und hier wurde Kagawa von Pastor Wilhelm Busch empfangen. Die Auferstehungskirche war schon abends um 19 Uhr so hoffnungslos überfüllt, daß sich gleich noch eine Parallelveranstaltung im Wichernhaus anschließen mußte. Hier in Essen erzählte Toyohiko Kagawa die Geschichte seiner Bekehrung in packender Art, wobei er oft tief in die soziale und geschichtliche Struktur Japans hineinleuchtete und aufzeigte, wie Christi Gaben zu einem großen, deutlich spürbaren Neuwerden des öffentlichen Gewissens und überhaupt der allgemeinen Haltung des japanischen Volkes geführt haben.

Da Essen auch »Krupp« bedeutet, stand Kagawa am folgenden Morgen hoch oben auf einem der Fördertürme und ließ sich von einem Firmenmitarbeiter alles genau erklären. Jetzt war er der Lernende, sein Gemüt war immer offen und sein Geist empfänglich, ja hungrig nach neuem Wissen. Vielleicht liegt auch hieran das Geheimnis seiner fruchtbaren Persönlichkeit: Er fühlte sich nie vollendet, sondern immer am Anfang.

Über Bad Godesberg und dann Neuwied, wo der Gründer der Raiffeisen-Genossenschaften gewirkt hatte und dessen Prinzipien der Sozialreformer Kagawa auf Japan zu übertragen versuchte, ging es weiter in die Mainmetropole Frankfurt. Am folgenden Tag, es war der Ostersonntag, predigte Toyohiko Kagawa in der Methodistenkirche in der Ludwigstraße über die Auferstehung Christi. Dabei knüpfte er an die Erfahrungen des Zweiflers Thomas an, der seinen Herrn als Auferstandenen erleben durfte und dann nach der Überlieferung nach Indien ging; heute noch finden sich lebendige Spuren seines Wirkens in den sogenannten Thomas-Christen. Um 16 Uhr fand in der historischen Paulskirche ein ökumenischer Gottesdienst statt, bei dem auch Dr. Wunderlich und D. Niemöller sprachen. Die

Kirche war derart überfüllt, daß nicht einmal mehr ein Stehplatz frei war und viele Menschen unverrichteter Dinge wieder heimgehen mußten. Anschließend fuhr Toyohiko Kagawa zum Hessischen Rundfunk; hier wurde mit ihm eine Rundfunkansprache aufgezeichnet, wie er es später auch noch in Berlin und Hamburg tun sollte.

Weiter ging dann die Reise am nächsten Tag in Richtung Stuttgart; hier erwartete Altbischof Wurm die Reisegesellschaft. Bereits am frühen Nachmittag war die Kirche restlos überfüllt, obwohl Kagawa seinen Vortrag erst am Abend halten sollte; ebenso begann sich bereits eine zweite zu füllen. Bei einer Aussprache am Abend verdutzte er seine Zuhörer immer wieder durch die Vielfalt seines Wissens und seinem festen Glauben an den Sieg der Liebe Christ.

Kagawa: »Wir haben in Japan eine neue Verfassung. Darin sagt der 9. Artikel, daß Japan für ewig ohne Waffen bleiben soll. So haben wir weder Heer, noch Luftwaffe oder Kriegsmarine.«

Frage: »Wenn aber nun eine auswärtige Macht über Japan herfahren sollte?«

Kagawa: »Dann wenden wir uns an die UNO.«

Frage: »Dann erwarten Sie aber doch von anderen, daß sie das tun, was Sie ablehnen, nämlich das Tragen von Waffen. Wenn die nun sagen sollten, nein, ihr nehmt die Lasten unseres Verteidigungssystems nicht auf euch, so schützen wir euch auch nicht!?«

Kagawa: »Dann haben wir die Waffen der Liebe – und des passiven Widerstandes. Hat nicht auch Gandhi es damit erreicht, daß Indien doch schließlich frei wurde?«

Von Stuttgart aus ging es nach Schwäbisch Hall. Toyohiko Kagawa besichtigte die Diakonissenanstalt und fuhr dann weiter nach Nürnberg. Der größte Saal der Stadt, der Holzmüller-Bau, war restlos überfüllt. Es kamen aber immer noch so viele Menschen herbeigeströmt, daß die Polizei machtlos war. Die abgewiesenen Massen durchbrachen schließlich die Absperrungen und drängten sich in die Gänge und auf das Podium. Es war eine unbeschreibliche Fülle, und Hunderte standen noch draußen.

Als nächste Station stand Berlin auf dem Programm, und hier war Toyohiko Kagawa Gast bei Bischof Dibelius. Die größte Kirche Berlins, die Stadtmissions-Kirche am Südstern, bot am Abend wieder das vertraute Bild: erneut war die Kirche bis auf den letzten Platz gefüllt. Fasziniert warteten die Zuhörer auf den kleinen Japaner, der halb blind und von Krankheiten gezeichnet, aus seinem Leben berichten sollte. Anderthalb Stunden später mußte Kagawa in einer Parallelveranstaltung nochmals reden, da sich so viele Menschen eingefunden hatten, die einfach keinen Platz mehr in der Kirche fanden.

Ebenso großes Interesse brachte man Kagawa in Hamburg entgegen, seiner letzten Station. Er wurde von Prof. D. Dr. Freytag und Propst Dr. Junge empfangen. Am Nachmittag dieses 13. April trug sich Dr. Toyohiko Kagawa in das Goldene Buch der Hansestadt ein. Bürgermeister Brauer hielt seine Begrüßungsrede auf Englisch und erzählte, wie er in der Emigration bei seinen Reisen in den Vereinigten Staaten immer wieder auf den Namen Kagawa gestoßen war.

»Drei Stunden später erlebten zahllose Zuhörer die Rede Kagawas in der Petri-Kirche. Bereits eine halbe Stunde vor Beginn der Kundgebung war der Andrang zum Gotteshaus so groß, daß ein Polizeiaufgebot den Zugang zur Kirche sperren mußte. Etwa 2 000 Besucher hatten in der 1 600 Sitzplätze fassenden Kirche Einlaß gefunden. Um den Zuspätgekommenen zum Recht zu verhelfen, wurde eine Parallelveranstaltung in der Jacobi-Kirche abgehalten. Der Vorsitzende der evangelischen Allianz begrüßte Kagawa als den ›Franziskus des 20. Jahrhunderts‹, dessen Name für Millionen Menschen Programm, Botschaft und Ruf sei. Kagawa erinnerte an Dr. Martin Luther und bekundete, daß eine Neubelebung des Glaubens, der die Welt erfüllen müsse, nur von Deutschland ausgehen könne« (aus: »Hamburger Freie Presse« vom 14. April 1950).

Sowohl bei der anschließenden als auch bei früheren Pressekonferenzen klang immer wieder Toyohiko Kagawas Sorge um seine zurückgelassene Arbeit durch: »Ich bin schon viel zu lange fort und muß so rasch wie möglich heim.«[16)]

Wenn Kagawa sich bei seinem Besuch in Europa von den caritativen Einrichtungen auch überwältigt zeigte, konnte er sich aber doch nicht des Eindrucks erwehren, daß die europäischen Kirchen die Tatsache bereits vergessen hatten, daß Jesus ein gewöhnlicher Zimmermann gewesen war. Sie erinnerten ihn vielmehr daran, daß die Hohenpriester in Jerusalem mit den Händlern im Tempel eine besondere Abmachung getroffen hatten, nach der sie das auf dem Opferaltar zubereitete Fleisch zum fünf- bis sechsfachen Preis verkaufen konnten. »Jesus aber verurteilte dieses Monopol und solche Ausbeutungsmethoden und trieb deshalb die Krämer aus dem Tempel. Darum müssen wir seinem Beispiel folgen, müssen den Tempel reinigen und gegen den Geist des Materialismus ankämpfen, *sonst nützt die Kirche nichts!* Die christliche Kirche hat das Kreuz zum bloßen Dogma erniedrigt. Jesus hat sich aber nicht geopfert, um sein Blut zum bloßen Dogma werden zu lassen.« *Für Kagawa war das Kreuz Wirklichkeit. Wir müssen teilhaben am Blute Christi.*

Neben seiner Evangelisation im eigenen Land trieb es Toyohiko Kagawa jetzt unablässig in die weite Welt hinaus; denn aus der »Reich-Gottes-Bewegung« von 1929 hatte sich inzwischen die »Christliche Internationale für Gebet und Freundschaft« entwickelt. So besuchte Kagawa im Jahre 1952 Okinawa, und im Jahre 1953 unternahm er eine ausgedehnte Reise durch Brasilien. Von Januar bis Juni bereiste er dieses südamerikanische Land.

Im Jahre 1955 schien Kagawa für seine weltweite Friedensarbeit belohnt zu werden: Sein Name tauchte unter den vier möglichen Kandidaten für den Friedensnobelpreis auf. Die Idee, Toyohiko Kagawa für diese Auszeichnung dem Preiskomitee in Oslo vorzuschlagen, ging auch auf Carola Barth zurück. Sie war es, die seine Nominierung mit ganzem Einsatz vorantrieb. In ihrem Tagebuch findet sich am 6. 1. 1954 folgender Eintrag: »Frau Buvi schreibt, ihr Mann habe meinen Brief

113

vor seiner Abfahrt nach Berlin erhalten und habe sofort – zur Unterstützung meines Vorschlages, Kagawa für den Nobelpreis zu nominieren – an Schweitzer geschrieben. – Gut!« Doch Kagawa wurde der Preis nicht zuerkannt. Zu groß waren wohl die amerikanischen Bedenken. Zum einen glaubten sie an eine gewisse Zusammenarbeit von Toyohiko Kagawa mit dem Militärregime, als er 1944 in China weilte (»Aufgrund der aufgezeichneten Aussagen der japanischen Christensympathisanten besuchte er China, um den Zusammenbruch des chinesischen Widerstandes zu untersuchen«), und zum andern, was wohl ausschlaggebender gewesen sein dürfte, mißfiel ihnen seine Radioansprache vom 4. 10. 1944. Damals hatte er gesagt:

Weheruf über Amerika

»Wehe dir, Amerika, denn du gleichst übertünchten Gräbern. Du sprichst von Gleichheit, doch unterdrückst du die Minderheiten, manipulierst die Freiheit und versuchst, deine Überlegenheit zu bewahren – all das hat Gott dir nie erlaubt. Bereue, Amerika! Der Name Jesu ist durch die schweren Bombardements beschmutzt worden, und die asiatischen Bürger sind von Amerika zerstampft. Leider wird Japan wegen Amerika nie die Christianisierung erleben. So wie die Kreuzfahrer Jesus von Kleinasien fernhielten, so hat der Pazifische Krieg den Fernen Osten für immer von Christus abgewendet. Amerika gleicht übertünchten Gräbern. Ihre Kinder spielen mit den Skalps japanischer Soldaten, und der Präsident der Vereinigten Staaten erhielt ein Papiermesser als Souvenir geschenkt, das aus dem Knochen eines japanischen Soldaten geschnitzt war. Wie ist es nur möglich, ohne Einsicht des Allmächtigen zu leben, wenn schon Amerikas Gewissen so sehr gelähmt ist.

Der Untergang des Westens begann an dem Tag, an dem die westliche Kultur absichtlich Christus verleugnete. Anstatt einer Bewegung der Wiederbelebung blühte die Sklaverei erneut auf. Der Westen verkaufte seine Seele für den Mammon.

Man vergaß die Ausdehnung des Bereichs, der sich auf Christi Liebe gründet und eroberte stattdessen weitere Kolonien. Dies war der Tag, an dem die Erkenntnis Gottes im Westen verraten wurde.

Amerika, du brauchst nicht auf deine Reichtümer stolz zu sein! Mit deiner Maschinerie wirst du den ganzen Menschen materialisieren. Er gibt keine Hoffnung, wenn ihr selbst zu Maschinen werdet.

Wehe dir, Amerika! Wirf deinen blinden Glauben weg, daß die Angelsachsen die einzige monolithische Macht sind, um eine weltweite Kultur aufzubauen. So wie der menschliche Körper aus Hunderten, ja aus Tausenden von Zellen zusammengesetzt ist, so besteht die wahre Kultur aus dem Zusammenspiel von vielen. Lippmann (Walter Lippmann war amerikanischer Publizist – A. d. V.) sagte, daß Amerika sich im Krieg mit Japan befindet, weil die Philippinen umzingelt sind. Besagt etwa die Monroe-Doktrin, daß Asien dem nordamerikanischen Kontinent angegliedert werden soll?

Hat Amerika nicht England verstoßen, um die Freiheit des Glaubens zu erhalten? Nichtsdestotrotz hat Roosevelt den Geist seiner Ahnen vergessen und den asiatischen Staaten ihre Selbstbestimmung verweigert.

Das babylonische Reich fiel, ebenso das römische. Heute wird vielleicht Amerika aufgrund seines Materialismus' fallen. Heute zerstört Europa die vergangenen Kulturen und sitzt selbst inmitten der Asche. Auch Amerika hat Christus wieder ans Kreuz geschlagen, um diese Zerstörung weiterzuführen.

Oh, Amerika, du läßt den Kannibalismus im 20. Jahrhundert wieder neu aufleben. Ich würde es nicht so sehr beklagen, wenn Amerika nicht eine Nation wäre, deren Präsident am Tage seiner Amtseinführung den Schwur mit der Hand auf der Bibel ablegt. Aufgrund der Moral der Kreuzritter verkümmerte Italien. So war die Reformation unvermeidlich. Amerika hat sein Gewissen getötet und Christus verleugnet.

Vor drei Jahren, im Sommer, besuchte ich viele amerikanische Städte und sagte den Menschen, daß wir keine Zivilisation ohne Liebe und Gemeinschaft aufbauen können. Heute sind die, die den Namen Jesu Christi aussprachen, diejenigen, die am meisten hassen und am gnadenlosesten kämpfen. Wenn wir diesen Widerspruch nicht überwinden, wird die Bezeichnung ›Christ‹ in den Dreck gezogen. Die Kannibalen des Südpazifik sind durch ihre eigene Retardation bestraft. Es wird unvermeidbar sein, daß auch Amerika bestraft wird, wenn es nicht seinen Materialismus zugunsten des Willens Christi aufgibt.«

Kagawas Siechtum und Tod

Im Jahre 1957 besuchte Toyohiko Kagawa Thailand. Nach seiner Rückkehr traf er mit Mrs. Fletcher zusammen, die eine Biographie über ihn zu schreiben begann. Zwei Jahre später sollte eine Übersetzung dieses Buches in der Bundesrepublik Deutschland mit dem Albert-Schweitzer-Preis ausgezeichnet werden.

Mittlerweile war Kagawas Körper von Krankheiten gezeichnet: Halb blind, die Nieren stark geschädigt, die Lunge infiziert und ständig von einem Herzanfall bedroht, sah er aber immer noch mit ungebrochenem Herzen in die Zukunft. Doch 1959 warf ihn eine Embolie auf seiner Reise nach Shikoku zu Evangelisationsvorträgen auf das Krankenbett. »Ich will bis zum Ende der letzten langen Meile wandern und, wenn ich fallen muß, dann will ich dort froh fallen. Wird mir der Befehl abzuscheiden, auf hoher See erteilt werden oder wenn ich mit der Eisenbahn durch die Welt eile? Es geschehe, wie Gott will. Wenn ich nur mein Äußerstes tue, dann wird alles gut sein.«

Die Frage nach dem Tod stellte sich Toyohiko Kagawa nach seiner schweren Jugendzeit nie mehr. Dazu lebte er viel zu sehr im Hier und Jetzt. »Es ist mir ganz unmöglich, diesen kostbaren Augenblick töricht zu vertun in Sorgen wegen des nächsten Morgen. Mein Leben ist auf diesen einen Augenblick konzentriert. Hier liegt meine gegenwärtige Aufgabe in der Gemeinschaft mit Gott auf diesem Schmerzenslager. Ich denke nicht an den morgigen Tag oder an den darauffolgenden. Ich denke nicht einmal an die Stunde des Sonnenuntergangs am heutigen Tag. Nichts anderes liegt mir in diesem Augenblick am Herzen, als ohne ein Gefühl der Langeweile in Gottes Gemeinschaft zu leben. Für mich kann solange nicht von Langeweile die Rede sein, wie ich nicht aufhöre, Gott für die Freude zu loben, die ich in seiner Gegenwart empfinde.«

»Der Tod ist für mich der Weg zu Gott. Ich kann nichts anderes glauben. Auch jetzt ist es ja Gott, der mir das Leben gibt. Ist aber das Leben Gottes Gabe, ist dann der Tod, der ja nur eine der Erscheinungsformen des Lebens ist, nicht auch ein Werk seiner Hand?... Als Antwort auf jene feierlich fordernde Stimme laßt mich ruhig meine Seele Gott empfehlen. Durch den Tod hindurch bin ich ein Sieger zu Gott hin – nein, vielmehr: Gott ist stets siegreich über den Tod.«

Nach fast einjährigem Siechtum unter den fürsorgenden Händen seiner getreuen Haruko verstarb Dr. Toyohiko Kagawa am 23. April 1960, »nachdem der Sterbende die Augen noch einmal aufgeschlagen und die Seinen und den Arzt lächelnd gegrüßt hatte«.

Kagawa als Reformer und Sozialist

Die Liebe Jesu Christi und der Wunsch, ein Freund der Armen zu sein und auch deren Probleme zu lösen, hatte Toyohiko Kagawa am Weihnachtsabend 1909 in das Elendsviertel geführt. Schon früh hatte er versucht, der allgemeinen Armut auf die Spur zu kommen. So stellte Shinkawa für ihn ein Versuchsfeld dar, in dem die Menschen sein größtes Hauptanliegen waren. Er sagte über diese Zeit:

»Die Slums sind ein wirkliches Forschungsgebiet des Lebens und der menschlichen Gesellschaft. In gewisser Hinsicht widme ich mich hier einer Forschungsarbeit. Die Slums sind hierbei meine Forschungsstätte, der Mensch mein hauptsächliches Studienobjekt. Einige sehen meine Tätigkeit darin, Beruhigungsmittel auszugeben. Aber in Wirklichkeit bin ich ein eifriger Wissenschaftler. Ich erforsche das Leben, um die Seuchenherde der menschlichen Gesellschaft zu finden.«

Allein durch seinen Einzug in das Elendsviertel besaß Toyohiko Kagawa die Möglichkeit, die Armut bis zu ihren eigentlichen Wurzeln zurückzuverfolgen und ihre Ursachen und Auswirkungen vor Ort zu erforschen. Damit schuf er die Voraussetzung, die Ursachen zu untersuchen, die zu der weitreichenden Not geführt hatten. Er bemühte sich auch um praktische Lösungen, die er erstmals im Jahre 1915 in Form seines Buches »Psychologie der Armut« veröffentlichte. Darin vertritt Kagawa die Ansicht, daß die Wurzeln jeglicher Not nicht so sehr im eigenen menschlichen Versagen zu suchen sind, als vielmehr in den Fehlern der kapitalistischen Gesellschaftsordnung, insbesondere in dem allgemein vorherrschenden Arbeitsklima.

Aufgrund seiner umfassenden Studien war der christliche Sozialist Toyohiko Kagawa »geboren«, ein Freund der unterprivilegierten Klassen, ein eindringlicher Kritiker und Gegner des gegenwärtigen Kapitalismus, der nur auf Erwerb gerichteten sozialen und wirtschaftlichen Gesellschaftsordnung. Zusehends wuchs in ihm auch das Verlangen nach einem christlichen Sozialismus, der Gerechtigkeit und Liebe gebot. In seinem autobiographischen Roman »Auflehnung und Opfer« antwortet Eiichi (= Kagawa) auf die Frage des verhörenden Polizisten, ob er ein Sozialist sei: »Ich bin christlicher Sozialist, aber zugleich Pazifist. Ich lebe unter den Armen, weil ich ihnen helfen und sie belehren will. Aber Sie (= der verhörende Polizist) brauchen keine Angst zu haben. Obgleich ich die armen Arbeiter hochhalte, habe ich nicht im Sinn, jemanden ein Leid anzutun. Ich achte alle Menschen, die Arbeiter und die anderen. Ich möchte mich eher einen Nachfolger Jesu als einen christlichen Sozialisten nennen.«

Doch schon vor seiner Fahrt in die Vereinigten Staaten von Amerika war es Kagawa klar, daß die menschlichen und sozialen Werte der Arbeiter sowohl durch den aussaugenden Kapitalismus als auch durch die sich rasch entwickelnde maschinell-technisierte Industrie zerstört werden.

Sein Eintreten für die Arbeiter

Als Toyohiko Kagawa im Mai 1917 aus Amerika zurückkehrte, hatte er ganz konkrete Lösungen ins Auge gefaßt. Er bot fortan allen bedürftigen Menschen seine Hilfe an, so daß sie erst gar nicht im Elendsviertel stranden mußten. Vor allem kämpfte Kagawa gegen jede Art sozialer Not. Aus diesem Grund organisierte er die ersten japanischen Arbeitervereinigungen und Genossenschaften. Kagawa vertrat nämlich die Ansicht, daß es, falls hierin keine Möglichkeit einer wirksamen Hilfe liegen würde, völlig hoffnungslos sei, die Menschen vor dem Sturz in das Elend zu bewahren.

Das alte Japan kennzeichneten Heimarbeit und Handwerk. Jeder Arbeitnehmer wurde als menschliche Persönlichkeit anerkannt. Arbeitgeber und -nehmer saßen an einem Tisch, arbeiteten im selben Raum, vereinigten Kopf- und Handarbeit an derselben Aufgabe. Die Menschlichkeit trat in all ihren Beziehungen in Erscheinung. Sie standen sich von Mensch zu Mensch gegenüber, kannten und verstanden einander. Oft fühlte sich der Arbeitgeber durch väterliches Empfinden mit denen verbunden, die unter seiner unmittelbaren Aufsicht standen.

Das moderne Industrieleben mit seinen Monsterfabriken, seinen leistungsstarken Maschinen, seiner Massenproduktion, seiner Entfremdung zwischen Unternehmer und Arbeitnehmer hatte vieles von Grund auf verändert. Die Rechte verschoben sich zugunsten der Unternehmer. Der Arbeiter besaß keinerlei Mitspracherecht, weder in bezug auf seine Arbeit, noch auf die Stunden, die er tätig war, oder gar auf seinen Lohn, den er erhielt. Der Unternehmer wiederum war dem unersättlichen Hunger der Aktionäre nach jährlich wachsenden Dividenden ausgesetzt. Die viel zu langen Arbeitszeiten, die mehr als niedrigen Löhne und die in vielen Fällen unmenschlichen Arbeitsbedingungen waren oft schlichtweg ein Skandal.

Um die Arbeitsbedingungen und das menschliche Schicksal in den frühen 20er Jahren aufzuzeigen, möchte ich an dieser Stelle den Arbeiter Katsunosuke aus dem Roman »Auflehnung und Opfer« zitieren, wie er Eiichi gegenüber den Streik in der Zündholzfabrik begründete:

»Es ist wegen eines kleinen Mädels von elf Jahren losgegangen; die hat sich verbrannt, von den Füßen bis zu den Schenkeln, den halben Körper. Ihr Vater sitzt gerade im Gefängnis, weil er gespielt hat. Darum ist das arme Ding schlimm dran. Ich und der Mann neben mir, Akiyama, sind gegangen und haben ein bißchen Geld gesammelt, um Arznei für sie zu kaufen. Aber, Ihr wißt's ja, Herr, die Gesellschaft will keinen Pfennig geben. Sie sagte, das Mädel sei selbst daran schuld, wenn es Brandwunden bekomme. Dafür sei die Gesellschaft nicht verantwortlich und brauche auch nichts zu zahlen. Sie war freilich daran schuld, aber sie ist doch ein so kleines Ding. Als sie das Zeug aus dem Trockenraum geholt hatte, fielen ein paar Schachteln, die mit Phosphor getränkt waren, hinunter. Wenn die Gesellschaft einem Kind von zehn oder elf Jahren so eine gefährliche Arbeit gibt, dann ist die Gesellschaft schuld, und das habe ich dem Herrn auch gesagt. Man hat die Tome – so heißt sie – einfach liegen lassen. Nicht einmal einen Doktor hat man geholt. Die Gesellschaft ist grausam, ja das ist sie. Keinen Pfennig hat sie gegeben, als meine ältere Schwester gestorben ist, keinen Pfennig! Der Doktor hat gesagt, weil sie immer mit Phosphor umgegangen ist, hätt' sie ihre Zähne verloren. Durch das Gift sind sie herausgefallen. Und als das jetzt mit dem Kind passiert ist, da hab' ich's mir überlegt, wie ich's der Gesellschaft heimzahlen könnte. Und jetzt, Ihr wißt's ja, steht's schlecht im Geschäft. Darum sind auch die Löhne heruntergesetzt worden. Im Sommer haben wir noch einen Yen pro Tag bekommen. Aber jetzt ist's schon zweimal heruntergesetzt worden, und wir haben nur noch fünfundsiebzig Sen. Da könnt Ihr Euch denken, daß uns das nicht freut. Als ich aus dem Kontor herauskam, bin ich überall herumgegangen und hab' gerufen: ›Stellt die Arbeit ein! Stellt die Arbeit ein!‹«

In seinen Studien fand Kagawa z. B. einen unmittelbaren Zusammenhang zwischen der Kindersterblichkeit und dem Einkommen der Eltern. Wegen des geringen Verdienstes starben 50 % aller Kinder, ehe sie fünf Jahre alt waren. Ferner fand er heraus, daß sowohl die Unterernährung als auch die lange Arbeitszeit Hauptgründe für die Tuberkulose und andere Krankheiten waren, die vor allem in den Elendsvierteln um sich griffen. Auch der zunehmende Alkoholismus ließ sich auf die schlechten Arbeitsbedingungen zurückführen, weil viele ihr Elend damit betäubten. Des weiteren bildete die weitverbreitete Not auch den Auslöser für die Prostitution. Viele Frauen hätten sich anders überhaupt nicht ernähren können. Erst nach seinem Studienaufenthalt in Amerika kam Toyohiko Kagawa zu dem Schluß, daß die einzige Chance der Arbeiter darin bestehe, sich selbst aus dem Würgegriff des Elends zu befreien.

Doch mahnend wies er im gleichen Atemzug darauf hin, daß die Befreiung der Arbeiter aus ihrer Abhängigkeit nicht dazu dienen dürfe, nun selbst Kapital anzuhäufen. So rief er der Arbeiterschaft entgegen: »Ich freue mich der Armut. Viel Besitz ist zu beklagen. Hat man nur wenig, hat man auch wenig Sorgen. Damit meine ich nicht, daß ich die notwendigsten

Bedürfnisse des Lebens zu entbehren wünsche. Wenn ich aber nur irgendwie leben kann, so ist ein großartiges Haus für mich keine Verlockung. Gib mir lieber eine Hütte unter Bäumen! Wenn die Schnecke, der Killifisch und das Lotosblatt meine Freunde sind, habe ich keine Sehnsucht nach Reichtum. – Aus demselben Grund verlangen die Arbeiterbewegungen, denen ich mich verbinde, nicht große Besitztümer. Sie erheben nur drei Forderungen: Die Möglichkeit zu leben, die Möglichkeit zu arbeiten und die Möglichkeit, die Eigenschaften eines wahren Menschen entwickeln zu können. An Arbeiterbewegungen teilzunehmen, die von Gier getrieben werden, verspüre ich keinen Wunsch.« – »Nichts verursacht soviel Unruhe wie nur ein Minimum an luxuriösem Leben. Bläst der Wind, so beunruhigst du dich wegen deiner Bäume. Regnet es, so ist es das Dach, das dir Sorge macht. Untergeordnete Fragen wie das Aufhängen eines Bildes oder die Wahl einer Tapete, können einen ganzen Tag in Anspruch nehmen. Die Frisur verdirbt einen halben Tag. Das Pudern deines Gesichtes die andere Hälfte. Stirbt dann ein solcher Mensch, so ist die Summe seines Lebens die Tapete plus Gesichtspuder plus Puderquaste.«

Um den kapitalistischen Grundsätzen mit Monopolisierung der Wirtschaft, persönlicher Ausbeutung, Unterdrückung und Privatanhäufung entgegenzuwirken, sah Kagawa nur eine Möglichkeit: die Gründung von Genossenschaften. Sie sollten von Werten wie Kameradschaft und Treue getragen sein.

So ging für Toyohiko Kagawa am 5. 11. 1917 ein lang gehegter Traum in Erfüllung, als er es mit Hilfe von Takeuchi Masaru schaffte, eine genossenschaftliche Fabrik zur Herstellung von Zahnbürsten zu errichten. Der Gedanke, arbeitslose Slumbewohner in einer gemeinschaftlich verwalteten Fabrik arbeiten zu lassen, hatte ihn schon lange gefesselt. Nachdem ein geeignetes Gebäude gefunden worden war, transportierten die Jesu-Brüder die Ausrüstung aus einer Fabrik in Osaka mit Handkarren in das ungefähr zehn Kilometer entfernte Kobe. Kagawa fand auch einen australischen Kaufmann, der die Kosten für das Rohmaterial übernahm und die gesamte Produktion nach Fertigstellung aufkaufte. Doch während der starken Rezession im März 1920 mußte die Fabrik schließen. So endete der Prototyp der gemeinschaftlichen Herstellung eines Produktes mit einer völligen Niederlage.

Langsam wurde aber den Arbeitern der einstigen Feudalherrschaft ihr Wert und ihre eigene innere Kraft bewußt. Der Keim der sozialen Unruhen und der Unzufriedenheit hatte schon zu lange im Verborgenen rumort. Daher forderten Ende Juni 1921 die in ihrer Existenz bedrohten Arbeiter der Mitsubishi-Werke erstmals in der Arbeitergeschichte Japans eine Lohnerhöhung, einen 8-Stunden-Tag und die Anerkennung von Tarifverhandlungen. Die völlig überraschte Werksführung wies diese für sie unannehmbaren Forderungen entschieden zurück. Daraufhin begannen die Arbeiter mit kurzfristigen Arbeitsniederlegungen. Nach kurzem Zögern traten dann auch die Arbeitnehmer der Kawasaki-Werft erstmals am 5. Juli in den Streik. Sie waren es dann auch, die Kagawa baten, ihrer aller Forderungen vor den Werksführern zu vertreten; denn er war es schließlich, der in den Slums mit ihnen lebte, litt und weinte. Er allein verstand wirklich ihre Probleme, und ihr Kampf war fortan auch sein Kampf. Rasch stieg Toyohiko Kagawa zum Symbol des japanischen Arbeiterwiderstandes auf.

Jahr um Jahr war das Verständnis unter den verarmten Arbeitern aller Branchen gewachsen, und am Sonntag, den 10. Juli 1921, versammelten sie sich erstmals gemeinsam zu einem Protestumzug.

Schon um 7 Uhr morgens war die Menschenmenge auf dem Hügel über dem Nanko-Tempel unüberschaubar. Gegen 8.30 Uhr verließ dann der fast 8 km lange Demonstrationszug, angeführt von so bedeutenden Arbeiterführern wie Hisatome, Shibata, Hori, Kagawa und Nokura, den Egeyama Park. Zunächst gingen sie in Richtung Shinkaichi. Auf den ausgerollten Transparenten waren ihre Losungen zu lesen wie: »Wir kämpfen bis wir sterben«, »Wir sind auch menschliche Wesen«, »Wir kämpfen für Gerechtigkeit«. Dann bogen die Demonstranten vor dem Shurakkan nach rechts zu der Kawasaki-Werft ab.

Gegen 9.40 Uhr erreichten sie das von starken Polizei- und Militärkräften gesicherte Werksgelände. Hier erfuhren sie, daß der Präsident der Werft, Herr Matsukata, einen Tag vorher sicherheitshalber ins Ausland gereist war, und niemand wußte, wo er sich zur Stunde aufhielt. Dennoch verweilten die Streikenden fast zwei Stunden vor den geschlossenen Werkstoren, sangen Arbeiterlieder und verliehen durch ihren stakkatoartigen Sprechgesang ihren Forderungen noch mehr Nachdruck. Dann zog der Demonstrationszug zu der Mitsubishi-Werft, die ebenso von Polizei und freiwilligen Sicherheitsbeamten gesichert war. Auch hier verweilten die Arbeiter eine Weile, ehe sie schließlich zur Kawasaki-Zweigniederlassung nach Hyogo zogen. Auf dem Gelände des früheren Gefängnisses von Hyogo ging die Demonstration gegen 12 Uhr ohne Zwischenfälle zu Ende. Herr Hisatome dankte den Demonstranten für deren Disziplin und sprach seine Anerkennung all den Arbeitern aus, die aus Solidarität aus den umliegenden Dörfern und Städten nach Kobe gekommen waren. Zur Überraschung aller erhielt jetzt jeder Teilnehmer der Demonstration eine Portion Eis. Spender war die Eisfabrik Namegawa Hyoshitsu. Da der Demonstrationsumzug in der Geschichte der Arbeiterbewegung in Japan ein neues Kapitel aufschlug, wurde die Veranstaltung in ihrer gesamten Länge von der Nikkatsu Kinogesellschaft gefilmt.

Auch Kagawa trat bei dieser Demonstration als Sprecher auf. Beschwörend forderte er von den Streikenden bei allen folgenden Aktionen Gewaltfreiheit. In seinen weiteren Ausführungen griff er die Werksleitungen an, die die Arbeitervereinigungen als subversive Elemente abtaten. Er wies darauf hin, daß in Amerika die Streikrate um 60 % abgenommen hatte, seitdem die Bildung von Arbeitervereinigungen gesetzlich erlaubt worden war. Nachdem er die Notwendigkeit der Abschaffung aller unnützen Polizeigesetze gefordert hatte, sagte er, daß der heutige Aufschrei der Arbeiter nur das Verlangen zum Ausdruck gebracht habe, wie Menschen leben zu können und daß sie nicht einen Millimeter nachgeben würden, bis die Werksführungen auf ihre Forderungen eingingen. Jedes weitere Meditieren über die Forderungen nütze fortan nichts mehr, jetzt müßten allein Taten folgen.

Toyohiko Kagawa war es dann auch, der die Forderungen der Arbeiter zu Papier brachte und mit den Werksbesitzern verhandelte. Um während des nun folgenden 60tägigen Streiks für Ordnung und Gewaltfreiheit in den Reihen der Arbeiter zu sorgen, gründete er die erste Arbeitervereinigung Japans. Kagawa wußte, daß dieser Schritt nach der Polizeiverordnung § 17 verboten war und ihm eine hohe Gefängnisstrafe drohte. Aber er tat es zum Wohle der gesamten Arbeiterschaft.

Den Streikenden ging es nicht einmal so sehr um die Arbeitszeit oder um Lohnforderungen, sondern vor allem um die Anerkennung ihrer eigenen Arbeitskraft und ihrer Persönlichkeit. Dies brachten sie auch in einem Manifest zum Ausdruck, das sie an die gesamte Nation richteten:

»Auch Arbeiter sind Persönlichkeiten. Sie sind keine Warenartikel, die gekauft und verkauft werden können nach einer Lohnskala, die sich auf einen Marktpreis gründet. In Zukunft muß ihnen das Recht zur Vereinigung gegeben werden. Darum erklären wir, die wir zu dem Heer der Produzenten gehören, folgendes: ›Wir sind keine Maschinen. Um unsere eigene Individualität zu entwickeln, um die Gesellschaft auf Persönlichkeiten aufzubauen und um eine soziale Ordnung zu sichern, die den Produzierenden eine wahre Kultur gewährleistet und ihnen volle Sicherheit für ihren Lebensunterhalt bietet, fordern wir das Recht, unsere eigenen Verhältnisse selbst zu regulieren.‹«

Als sich im Juli für die Arbeiter noch immer keine Lösung abzuzeichnen begann, nahm die allgemeine Unruhe zu. Kagawa spürte diese zunehmende innere Erregung und wurde nicht müde, täglich zu ihnen zu reden, um ihre Moral hochzuhalten. Den zahlreichen Marxisten, die sich unter den Streikenden befanden und die seiner Forderung nach friedlichen Demonstrationen nicht länger Folge leisten wollten, rief er wiederholt zu: »Wer zum Schwert greift, wird durch das

Schwert umkommen« (Matthäus 26, 52). Nichtsdestotrotz störten sie seine Reden und Predigten, weil seine Grundsätze nicht mit den ihrigen übereinstimmten. So kam es zunächst vereinzelt und dann immer häufiger zu Übergriffen gegen die Werksgelände der beiden großen Werften. Dies war schließlich für die Werksführungen der Anlaß, Polizei und Militär anzufordern. Aber auch durch diese Sicherungsmaßnahmen ließen sich gewisse Arbeiterkreise nicht mehr zurückschrecken.

Immer verzweifelter schrie Kagawa gegen deren falsches Tun an, auf diese Art und Weise doch nicht das gesamte Vorhaben zum Scheitern zu bringen.

In einem Interview vom 21. Juli 1921 umriß Kagawa noch einmal die Forderungen: »Wir protestieren dagegen, daß die Arbeiter gnadenlos der Willkür ihrer Arbeitgeber ausgeliefert sind, daß es für sie den Hungertod bedeutet, wenn sie entlassen werden, nur weil es den Interessen der Arbeitgeber entspricht oder letztlich einfach ihrer Laune entspringt. Nüchtern gesehen sind dies doch Dinge, die in den meisten europäischen Ländern unmöglich sind, wie z. B. in England, wo es eine Arbeitslosenversicherung gibt. Ein solches System gibt es in Japan noch nicht. Der Lebensunterhalt eines Arbeiters hängt allein von der Gnade seines Arbeitgebers ab. Ohne gesetzlichen Schutz und ohne politische Rechte – wie z. B. dem allgemeinen Wahlrecht –, mit denen die Arbeiter ihren Einfluß geltend machen könnten, müssen wir mit den Arbeitgebern durch unsere eigene wirtschaftliche Macht verhandeln.

Die Folge der Arbeitslosigkeit ist jedoch nur ein Teil. Das Problem liegt viel tiefer als nur in dem bloßen Umverteilen von Gewinnen oder im relativen Schutz eines Arbeitsplatzes. Das Problem, mit politischen Schlagwörtern ausgedrückt, liegt in der Autokratie und dem Konstitutionalismus der Industrie. Wofür wir jetzt grundsätzlich kämpfen, ist ein Element des Konstitutionalismus, wobei die Arbeiter ein Mitspracherecht in der gesamten Organisation der Industrie, die sie mit aufbauen und in der sie arbeiten, bekommen, und sei es noch so klein.

Ziele, die weit über diese hinausgehen, wurden bereits in

anderen Ländern erreicht. Die gewerkschaftlichen Vertrauens-
leute in England, die von der Belegschaft gewählt werden, sind
von der englischen Industrie akzeptiert worden. Sie werden
inzwischen von den Arbeitgebern als selbstverständlich angesehen. Das ist jedoch nicht alles, was wir wollen. Viele von uns
betrachten dies lediglich als den ersten Schritt. Dabei geben wir
uns keiner Illusion über unsere eigene Kraft hin. Wir haben
nicht den Wunsch, mit den Behörden einen Konflikt auszutra-
gen, in dem wir Veränderungen fordern, die mit dem jetzigen
politischen System nicht in Einklang zu bringen sind. Die
Garantie des Konstitutionalismus in den Betrieben wird jedoch
unzweifelhaft zu größeren Reformen führen, und durch unsere
Vereinigungen beeinflussen wir diesen Prozeß positiv. Wir
werden nicht eher ruhen, bis wir die industrielle Demokratie
erreicht haben und die neue Leibeigenschaft den Weg der alten
gegangen ist...«

Die Situation im Arbeitskampf spitzte sich jedoch weiter zu,
als die Werksführungen von Kawasaki und Mitsubishi die
Arbeiter ultimativ aufforderten, am Montan, den 25. Juli 1921,
zur Arbeit zu erscheinen, sonst würden sie entlassen werden.
Doch die von den Werksdirektoren erhoffte Wende blieb aus,
denn nur wenige Arbeiter erschienen zur Arbeit, wie die
folgende Übersicht zeigt:

	Arbeiter insgesamt	*erschienene Arbeiter*
Schiffswerften	7 946	1 311
Maschinenfabriken	3 025	342
Wasserwerk	1 533	177
Elektrizitätswerk	876	50
Rüstungskonzern	89	5
Bauamt	97	5
Fukiai Werftfiliale	876	690
Hyogo Werftfiliale	3 039	174
Total	17 481	2 754

Doch an den folgenden Tagen kehrten immer mehr Arbeiter an ihren Arbeitsplatz zurück.

In großer Aufmachung veröffentlichte die Zeitung von Kobe am 27. Juli das folgende Telegramm von Herrn Matsukata, dem Direktor der Kawasaki-Werft, aus England, das er seinen Stellvertretern geschickt hatte: »Bitte behaltet einen klaren Kopf!«

Seit mehreren Tagen hielt die Polizei Kagawa und andere führende Köpfe der Arbeitervereinigung in Gefängnissen fest. Auf die nunmehr führungslosen Arbeiter drangen jetzt die Marxisten ein. Ihre böse Saat schien auch aufzugehen. Kagawa erfuhr von deren Plänen, die Schiffswerft zu stürmen, erst, als er wieder auf freiem Fuß war. Tatsächlich formierten sich schon am folgenden Tag, dem 28. Juli 1921, 18 000 Arbeiter, um die von Polizei und Militär hermetisch abgeriegelte Kawasaki-Werft zu stürmen. Um das unvermeidliche Blutvergießen zu verhindern, eilte Toyohiko Kagawa, von einem seiner treuen Mitarbeiter informiert, der gewaltigen Menge nach und stellte sich auf einer kleinen Brücke ihrem mächtigen Ansturm entgegen.

Er selbst berichtete hierzu: »18 000 Arbeiter hatten den Beschluß gefaßt, die Maschinen der berühmten Kawasaki-Werft in Kobe zu zerstören... Sie war mit den allerbesten Einrichtungen ausgestattet. Die 18 000 marschierten auf sie los, um alles kurz und klein zu schlagen. Damals war ich Streikorganisator. Daher gehorchten mir die Arbeiter meistens. Gerade als sie an das Flußufer kamen, stand ich auf der Brücke. In großen Massenformationen strömten sie auf mich zu. Wäre ich damals nicht dort gewesen, wäre aller Wahrscheinlichkeit nach vieles zerstört worden. Als sie mich erblickten, rief einer dem anderen zu: ›Seht, Kagawa!‹ Sie wußten wohl, was ich wollte. Ich betete in diesem Augenblick mit offenen Augen, indem ich ihnen entgegenschaute, und mein Gebet wurde erhört; denn sie wichen zurück. Da wußte ich plötzlich, daß Gott durch mich gewirkt hatte.«

Am nächsten Vormittag verhaftete die Polizei Toyohiko Kagawa und weitere 175 Streikführer, da für diesen 29. Juli ein weiterer Streikumzug geplant war. Führungslos zogen nun über 10 000 streikende Arbeiter an diesem Tag vor die Tore der Kawasaki-Werft. Über die dann folgenden Geschehnisse gibt es keine Klarheit. Fest steht, daß es zu schweren Ausschreitungen kam, wobei die Polizei auch mit Pferden und gezogenen Schwertern gegen die Demonstranten vorging. Toyohiko Kagawa wies die Schuld der Polizei zu, denn sie soll die Demonstranten gereizt haben.

Jahre später wurden in der Polizeiführung wegen dieses Vorfalles Ermittlungen angestellt und daraus auch persönliche Konsequenzen gezogen.

Toyohiko Kagawa aber stand nun wieder einmal vor dem Richter. Er nannte sowohl Richter, Gefängnisleiter als auch Polizisten seine Brüder und zeigte ihnen gegenüber weder Groll noch Zorn. Seine Mitgefangenen behandelten ihn wie einen Helden.

Aus Furcht, seine Anwesenheit könnte die Gefängnismoral zersetzen, wurde er schließlich in den Frauentrakt verlegt. Dort aber wetteiferten die weiblichen Gefangenen untereinander, seine Kleider auszubessern und ihm jede nur mögliche Freundlichkeit zu erweisen. So verlegte man ihn schließlich in eine Einzelzelle. Dort schrieb er:

Eine Eisenpforte vor mir.

Schwere Ketten an meinen Gelenken.
Schlösser, meine Augen zu verschließen, hat man nicht.
Und ich – mit geweiteten Augen
stehl ich das Licht.

Was für ein Licht stahl ich?
Das Licht des Nordsterns, der hochoben funkelt.
Sind die Sterne bei mir,
fehlt es an Freunden mir nicht.

Zerrende Ketten hindern mich,
ich erklimme das Fenster.
Vom Fenster kann mein Körper nicht entweichen,
aber meine Seele,
meine Seele schwimmt aufwärts zum Himmel!

Zur Lichtwelt fliegt meine Seele.
Nordwärts, immer weiter nordwärts, höher und höher.
Freiheit von Ketten brauche ich nimmer,
lebe wohl, Erde, leb wohl!
Ich fliege zum Sternenhimmel.

Sind die Sterne bei mir,
fehlt es an Freunden mir nicht.
Heute nacht
schlaf ich mit meinen Sternen.

Die insgesamt 13tägige Haft nutzte Kagawa dazu, ein neues Buch zu konzipieren, das später unter dem Titel »Die Stimme in der Wand« veröffentlicht wurde. Während seiner Inhaftierung gab die Regierung auch eines seiner Bücher frei, das damals mit zu den populärsten zählte: »Einer, der nach der Sonne schießt«. In diesem Buch schrieb er seine Eindrücke nieder, die er aufgrund des Streikumzuges in New York gesammelt hatte. Im folgenden sei hieraus ein kurzer Auszug wiedergegeben:

»Es war eine Kundgebung der Schneiderverbände, die 60 000 Mitglieder zählten. Sie marschierten in Sechzehnerreihen. Der Zug brauchte eineinhalb Stunden, um vorbeizuziehen... (Ich) stand an der Ecke der 3. und 23. Straße und beobachtete den Zug bis zum Schluß. Ich war mir meiner fließenden Tränen nicht bewußt. Sind dies die einzigen Armen, dachte ich, nur diese? ...Wie nutzlos ist's, von Hilfsaktionen zu sprechen! Arbeiterverbände! Kehre ich nach Japan heim, so werde ich die Bildung von Arbeiterverbänden predigen! So dachte ich, indem ich dem Zug nachblickte... Wenn ich nach Japan zurückkehre, will ich ... um der Armen und Notleidenden, um der unterdrückten Arbeiter willen, wieder im Armenviertel wohnen. Um der Freiheit des Vaterlandes willen, will ich für die Freiheit der Arbeiterverbände wirken.«

Nach seiner Freilassung hatte Toyohiko Kagawa sein Programm klar umrissen: Er vertrat das Recht aller Werktätigen auf Arbeit, auf freie Wohnungswahl, auf die Möglichkeit, sich geistig zu entfalten, auf freie Partnerwahl, auf Erholung, auf

Redefreiheit, auf Organisationen und Verträgen auf genossenschaftlicher Grundlage und auf religiöse Freiheit. Er erklärte, die einzige Grundlage einer wahren Arbeiterbewegung liegt darin, über mechanische und gleichförmige Arbeit hinaus zu kreativer und freier Arbeit zu gelangen.

Doch nach mehreren Tagen begann der Arbeiterwiderstand immer mehr zu bröckeln.

Am 8. August beschlossen die Arbeiter, wieder an ihre Arbeitsplätze zurückzukehren. So ging der bis dahin größte Streik Japans zu Ende, ohne daß die angestrebten Ziele erreicht worden waren. Lediglich die Anerkennung der Tarifrechte hatten sie durchgesetzt.

Der Zusammenbruch des Streiks bedeutete für kurze Zeit das Ende des Einflusses von Kagawa auf die Arbeiterschaft. Bei den Kommunisten und radikalen Bewegungen setzte sich hingegen die Überzeugung durch, ohne Gewalt sei der besitzenden Klasse kein Recht abzuringen.

Wenn es die Kawasaki-Werft auch nicht offiziell zugab, so wurden in den folgenden Tagen doch zahlreiche Arbeiter wegen ihrer Mitgliedschaft in der Arbeitervereinigung oder ihrer aktiven Teilnahme bei den Streiks entlassen.

Interessant ist hierzu das folgende Gespräch, das zwischen Delegierten der Arbeitervereinigung und Herrn Matsukata, der inzwischen aus London wieder nach Kobe zurückgekehrt war, geführt wurde:

> *Herr Aogaki* (ein Delegierter):
> »Ist es wahr, daß Ihre Gesellschaft einige fähige und sehr geschickte Arbeiter deswegen entlassen hat, weil sie sich einer Arbeitervereinigung angeschlossen hatten?«
> *Herr Matsukata:*
> »Ich kenne weder Rodokumiai (Arbeiterverein) noch Rengokai (Arbeitervereinigung), und deshalb kann ich nicht sagen, ob Mitglieder dieser Vereinigungen unter den Entlassenen waren.«
> *Herr Aogaki:*
> »Was sind die Gründe für die Entlassung?«

Herr Matsukata:
»Die Firma hat die Entlassung dieser arbeitsunwilligen Männer beschlossen.«

Herr Hirayama (ein Delegierter):
»Wäre es für die Firma nicht besser gewesen, sie zu entlassen und sie nicht überreden zu wollen, freiwillig zu gehen?«

Herr Matsukata:
»Wenn man sie zwingt zu gehen, verlieren sie alle Chancen, woanders wieder Arbeit zu finden; so wählte ich den anderen Weg und zahlte ihnen ein besonderes Entlassungsgeld.«

Herr Hirayama:
»Kann die Firma durch die Berichte der Vorarbeiter wirklich wissen, wer arbeitsunwillig ist?«

Herr Matsukata:
»Ich vertraue meinen Abteilungsleitern. Die Firma hat bereits ihre Prinzipien veröffentlicht und in verbreiteten Flugblättern auf die Notwendigkeit harter Arbeit hingewiesen, insbesondere während dieser Zeit der wirtschaftlichen Depression. Einige der entlassenen Männer waren jedoch häufig nicht zur Arbeit erschienen – von fünf Jahren waren sie insgesamt nur zwei anwesend. Die Firma vertritt darum die Ansicht, daß diese Männer arbeitsunwillig sind.«

Herr Aogaki:
»Es ist doch wohl nicht ganz so einfach zu bestimmen, wer arbeitsunwillig ist. Müssen dabei nicht die gegebenen Umstände berücksichtigt werden?«

Herr Matsukata:
»Die Firma hat ein System von anonymen Briefen eingeführt, in denen die Arbeiter die Namen von arbeitsunwilligen Arbeitern niederschreiben. Diesen Brief werfen sie dann in besonders hierfür aufgestellte Briefkästen innerhalb ihrer Abteilung. Die Firma findet dieses System sehr nützlich.«

Herr Aogaki:
»Arbeiter erhalten oft Auszeichnungen, wenn sie ihre Vorarbeiter bestechen.«
Herr Matsukata:
»Bestechung ist in unserer Firma strengstens verboten!«

Nach diesem gescheiterten Streik ließ Toyohiko Kagawa den Kopf aber nicht hängen, sonden rief den Arbeitern aufmunternd entgegen: »Der Arbeiter darf von sich selbst nicht gering denken. Fort mit aller Selbstunterschätzung! Seid euch eures Wertes als Arbeiter bewußt und seid stolz in eurer Rolle! Wenn ihr eure Nerven verschwendet, werdet ihr nichts erreichen. Seid ruhig! Bleibt besonnen! Laßt die Imperialisten und Kapitalisten ihr Schlimmstes tun! Es kommt nicht darauf an, was Radikale und Extreme sagen. Es gibt nur einen Weg für die Arbeiter. Das ist eine Produktion, die von der Liebe gelenkt wird. Das blinde Nachäffen importierter Ideen wie die der Arbeiter-, der Unternehmer-Verbände und der Forderung auf Abwechslung in der Arbeit allein wird nie die Lösung bringen. Für die japanischen Arbeiter gibt es einen japanischen Weg. Darin liegt Erfindung und schöpferische Kraft. Schwingt eure Hämmer mit Verstand und mit Genauigkeit und beobachtet den Erfolg! Verbände sind notwendig, aber die Probleme des Arbeiters werden nur aus dem inneren Erwachen des Arbeiters gelöst.«

Den noch unschlüssigen Arbeitern, die teilnahmslos außerhalb des Geschehens standen und nicht so recht wußten, was zu tun war, rief er entgegen: »Es gibt Menschen, die behaupten, daß religiöse und soziale Bewegungen zwei ganz verschiedene Dinge sind. Dies sagen aber nur solche, die die Religion nicht als eine das ganze Leben bestimmende Macht ansehen. Sind die Materie und das Geistige voneinander getrennte Größen, und besteht keine Beziehung zwischen Gott und der Welt, dann mag dieser Gegensatz als berechtigt erscheinen. Demjenigen aber, der das Leben zur Verwirklichung des höchsten Wertes, des Guten, macht, ist es unmöglich, das Streben auf religiösem und sozialem Gebiet zu trennen. – Wirkt sich aber Religion auf das ganze Leben aus, wie können dann soziale Bewegungen auf sich allein, losgetrennt vom Religiösen, bestehen? Nur die Furchtsamen deuten Gott und die Welt als einen Dualismus. Bis nicht selbst der Börsenmarkt von Gottes Geist durchdrungen ist, besteht für die wahre Religion nur wenig Hoffnung.«

Kagawa versuchte so den Arbeitern klarzumachen, daß die wahren Werte in Energie, Freude, Liebe und Schaffensdrang zu suchen seien. Sie sollten einer »echten Religion« nachstreben, die die »Schlafzimmer, Studierzimmer, Straßen, Fabriken, Erfindungen, unsere Arbeit, unsere Erholung, unsere Mahlzeiten, ja selbst unseren Schlaf« durchdringt.

Alle diese Gedanken klingen zeitgemäß, doch müssen wir uns vor Augen halten, daß sie in die Zeit der 20er Jahre zurückreichen.

Sein Eintreten für die Bauern

Nicht nur mit dem Schicksal der Arbeiter, sondern auch mit dem der Bauern setzte sich Toyohiko Kagawa auseinander. Durch seine langjährigen Studien in Shinkawa wußte er, daß diese Bevölkerungsschicht unter einem besonders schweren Los litt, wenn auch der Landmann in der Gesellschaftsstruktur während der feudalen Herrschaft gleich hinter dem Samurai in Rang und politischer Bedeutung stand.

Schon die Ausgangsposition der Bauern erwies sich als sehr schlecht, denn 85 % der Bodenfläche Japans ist gebirgig. Es gibt kaum ausgedehnte Ebenen, die sich in Ackerland verwandeln lassen. Die fruchtbare Anbaufläche beträgt maximal 15 %! Und auch dieser kleine Teil muß noch dadurch gesichert werden, daß die Bauern die Bergseiten terrassenförmig kultivieren.

Des weiteren geriet die Landbevölkerung wegen der rasch voranschreitenden Industrialisierung ins Hintertreffen, denn die Lebensmittelpreise stiegen beträchtlich, wogegen ihre Erzeugerpreise fast konstant blieben. So fielen die Bauern in tiefste Not. Unterernährung war oft die Folge. Daraus resultierte auch die hohe Kindersterblichkeit. Die allgemeine Sterberate lag in den Dörfern weit über dem landesüblichen Durchschnitt; sie war sogar noch höher als in den Elendsvierteln der Großstädte. Daneben herrschten in den Dörfern sehr schlechte Lebensbedingungen. Unter der Landbevölkerung wüteten daher oft Tuberkulose und andere Krankheiten.

Diese weitverbreitete Armut unter den Landpächtern, die fast 46 % der Landbevölkerung ausmachten, resultierte besonders aus dem vorherrschenden Pachtsystem. Die Bauern waren gezwungen, 55 bis 75 % ihrer Ernte an kapitalistische Besitzer oder Großgrundbesitzer abzutreten. Die hohen Preise für Grund und Boden und ihre Schulden bei den Eigentümern verurteilten nicht nur sie, sondern auch noch ihre Kinder und Kindeskinder zu dem lebenslangen Los von Pächtern. Nicht selten betrug die geforderte Zinshöhe 20 bis 40 %. Die Söhne erbten darum nicht das Eigentum der Familie, sondern meistens deren Schulden. Die Verhältnisse glichen einem System der Leibeigenschaft.

Schon sehr früh erkannte Kagawa, daß die Slums vor allem durch solche abhängigen Pachtbauern gefüllt wurden, denn die Mehrheit der Menschen dort kam aus dieser Bevölkerungsschicht. In dem langen Kampf um ihre gepachteten Ländereien unterlegen, zogen sie voller Hoffnung in die Städte und endeten schließlich als Strandgut in den Elendsvierteln.

Aber auch bei der Jugend war bereits eine gefährliche Abneigung gegen das bäuerliche Dasein in den Landbezirken entstanden.

Die ständig wachsende Erleichterung des Reisens, der Einfluß der Presse, das Kommen und Gehen der jungen Leute, die zum Militärdienst eingezogen wurden, und der Strom der Jugendlichen, der in die Städte zur weiteren Ausbildung flutete, brachten das ländliche Leben, das bisher keinerlei Anteil am materiellen, geistigen und kulturellen Fortschritt der Nation hatte, in lebendige Berührung mit dem modernen Stadtleben. Doch der Gegensatz zwischen dem harten Los des Bauern und des Stadtmenschen hatte eine gefährliche Abwanderung der ländlichen Bevölkerung zur Folge.

Ebenso begannen die vielerorts entstandenen großen Fabriken und Industrieunternehmen die Dörfer auszusaugen, indem sie die Mädchen mit dem Versprechen in die Städte lockten, hier bessere Nahrung und schönere Kleidung zu erhalten. Dort aber trieben dann viele von ihnen nach bitterer Enttäuschung allmählich in ein Leben der Lust. Die Bordellbesitzer fanden ihre Opfer nicht selten aus dieser unwissenden, aller Hilfsmittel entbehrenden Klasse. Sich selbst überlassen, hilflos und verzweifelt, durchschwärmten dann zu jeder Tages- und Nachtzeit Frauen, Mütter von Familien, Frauen, die unmittelbar vor der Geburt eines Kindes standen, und selbst minderjährige Kinder die Straßen der Elendsviertel. Die Prostitution war eigentlich schon seit einem kaiserlichen Edikt aus dem Jahre 1872 in Japan gesetzlich verboten, doch immer wieder drangen die Frauen sogar in Kagawas Haus ein, wenn er dort predigte, und lockten die jungen Männer unter seinen Zuhörern mit sich fort.

Ungeachtet der schweren Last, die er bereits trug, und der Größe dieser neuen Aufgabe, entschloß sich Toyohiko Kagawa, sein Arbeitsfeld auf die weitläufigen ländlichen Bezirke auszudehnen und die Kleinbauern und abhängigen Pächter mit ihren Familien zu befreien. Er hatte so klar wie nie zuvor erkannt, daß die Japaner ihrer geschichtlichen Entwicklung nach ein Volk von Bauern sind, und er wollte nicht länger an starren Dogmen der Kirche oder Politik festhalten, sondern sich den hungernden und armen Menschen widmen. Ähnliche Gedanken finden wir in einem Telegramm von Bodelschwinghs vom 28. 2. 1896: ».. . Politische Pastoren sind ein Unding. Wer Christ ist, ist auch sozial, christlich-sozial ist Unsinn und führt zur Selbstüberhebung und Unduldsamkeit, beides dem Christentum schnurstracks zuwiderlaufend. Die Herren Pastoren sollen sich um die Seelen ihrer Gemeinden kümmern...«

Das Anwachsen des Selbstbewußtseins und des Kraftgefühls der Arbeiter zog auch ein Erwachen der Pachtbauern nach sich. Streitigkeiten zwischen ihnen und den Landbesitzern – etwas

Unerhörtes im alten Japan – über die Frage der Landrechte und Pachtsätze nahmen an Häufigkeit und Stärke zu. Da die Bauern bisher unorganisiert blieben und sowohl gegen die Landbesitzer als auch gegen die Polizei kämpften, mußten sie auf Dauer unterliegen.

Noch im Jahre 1921 – gleich nach dem großen Streik in Kobe – lud Toyohiko Kagawa 72 Freunde aus ganz Japan zu sich nach Shinkawa ein, um mit ihrer Hilfe die neue Y. M. C. A. (Young Men's Christian Association = Christlicher Verein Junger Männer) zu gründen. Allerdings lag noch ein anderer Grund für diese Einladung vor. Die erste Bauernvereinigung sollte aus der Taufe gehoben werden. Und so geschah es dann auch. Innerhalb kürzester Zeit gründeten die Versammlungsmitglieder in 34 Provinzen des Landes Zweigniederlassungen und gaben eine Zeitung mit dem Namen »Boden und Freiheit« heraus.

Am 9. April 1922 hielten sie in dem Kobe-Y. M. C. A. eine Bauern-Genossenschaftskonferenz für Gesamtjapan ab, auf der der japanische Bauernverband offiziell gegründet wurde. Dabei wurde erklärt, daß man an den Wahlen aktiv teilnehmen wolle, um die Interessen der Landwirte zu fördern. Daneben forderte man ein neues Gesetz, um die Pächter vor den Großgrundbesitzern zu schützen und die Polizei davon abzuhalten, bei Streitigkeiten mit den Pächtern nur die Interessen der Grundbesitzer zu vertreten. Die Großgrundbesitzer und die nicht auf ihrem Grundstück lebenden Lords vertraten die Ansicht, bei dieser neuen Vereinigung müsse es sich um einen Zusammenschluß von Kommunisten handeln, die eine Revolution vorbereiten würden. Dabei wollte die neue Organisation nur eine christliche Gesellschaft, einen neuen Bauernstand errichten.

Das Manifest, das sie veröffentlichten, enthielt folgenden Wortlaut:

»Wir haben die Absicht, Wissen zu fördern, unsere Fertigkeiten zu verbessern, unseren moralischen Charakter zu entwickeln, Freude in das Bauernleben zu tragen und die Verwirklichung einer vollkommenen ländlichen Kultur zu unserem Ziel zu machen. Indem wir für Gedankenfreiheit eintreten und eine

Haltung einnehmen, die der Gesellschaft als ganze zugute kommen wird, wollen wir der Wahrheit dienen. Um die Befreiung zu verwirklichen, die auch von allen Kompromissen frei ist, wollen wir den Kapitalismus überwinden, indem wir Arbeitergilden organisieren und die Befreiung der von Armut verfolgten Bauern durchsetzen.«

Bei der Verwirklichung dieser Ziele riet Toyohiko Kagawa auch hier zu friedlichen Verhandlungen. Immer wieder beschwor er die Bauern, sich niemals auf zerstörerische, sondern nur auf aufbauende Maßnahmen einzulassen. Hierbei hoffte er vor allem auf die Kraft der gesamten neuen Organisation und auf deren innere Erstarkung. Parallel zu den Arbeitern gründete er Bauerngenossenschaften, um so den jährlichen Ernteertrag umsichtiger auszunutzen und auszuwerten. Vorteile versprach er sich besonders durch einen gemeinsamen Ankauf teurer landwirtschaftlicher Maschinen und deren allgemeine Nutzung. Kagawa regte die Bauern dazu an, auch bisher unbekannte Kulturen anzupflanzen, um so die brachliegenden Berghänge zu nutzen. Hierbei dachte er insbesondere an Nuß- und Kastanienwälder, deren Früchte eine ergiebige Zusatzernte liefern sollten. Des weiteren versuchte er, die Bauern davon zu überzeugen, daß es von Vorteil sei, neben ihrem kleinen Viehbestand noch zusätzlich Schafe und Milchziegen zu halten, die auf den nahezu unfruchtbaren Berghängen immer noch ausreichend Weideland fänden. Er beabsichtigte auch, eine bessere Ausbildung des Landvolkes zu ermöglichen sowie den Ausbau der bäuerlichen Maschinengenossenschaften und die Organisation von Kredit- und Wirtschaftshilfen voranzutreiben. Die Verbesserung des ländlichen Wohnwesens mit seinen unzureichenden sanitären Einrichtungen, die Förderung der Forschung im Agrarbereich sowie die Einführung eines Ernteversicherungssystems fanden bei den Landwirten lebhaften Anklang.

Kagawas erklärtes Ziel war es, durch eine durchdachte Bodenbearbeitung, bessere Zeitnutzung und bessere Arbeitsteilung eine Steigerung des wirtschaftlichen Profits und durch soziale Zusammenarbeit und den Einsatz genossenschaftlich gekaufter Maschinen einen höheren Ertrag zu erzielen. Ferner sollte ein größerer wirtschaftlicher Gewinn durch soziale Kooperation und den Gebrauch kooperativer Maschinen erreicht werden. Das wichtigste aber war für ihn die innere Festigung des Bauernstandes. Darum bestand sein letztes und eigentliches Ziel in der Erneuerung des menschlichen Herzens. Für ihn stand fest, daß nur aufopfernde Liebe, wie sie Christus offenbart hat, sein Werk zur letzten Vollendung führen konnte. Christi Geist des gegenseitigen Dienens und des mutigen Opferns bildeten für ihn den Ursprung aller wahren völkischen Wiedergeburt.

Toyohiko Kagawa wußte mittlerweile, welche Bedeutung der Befreiung der Bauern zukam. Schlagartig erkannte er, daß es für eine Nation keine Hoffnung mehr gibt, wenn das Landleben verfällt. Die Stadtbevölkerung konsumiert nur, allein das Dorf produziert. Japan besaß keine Kolonien, die einen Ausfall an Nahrungsmitteln hätten ausgleichen können. Hier zeigte sich die Wahrheit, daß die Bauern das Inselreich ernähren mußten.

Daher gründete Toyohiko Kagawa nach dem Vorbild Leo Tolstois Bauernbibelschulen, um hier den oft weitangereisten Schülern einerseits sein ausgearbeitetes Hilfsprogramm zu vermitteln und sie andererseits das Evangelium zu lehren, damit sie beides bis in die entlegensten Dörfer Japans hinaustragen konnten. Bereits 1926 eröffnete Kagawa in seinem Haus in Kobe unter der Leitung von Motojiro Sugiyama die erste Schule, der schon im Jahre 1931 eine zweite in Kawaragi Mura in der Nähe von Tōkyō folgte. Schließlich konnte bald darauf eine dritte in Tōkyō eröffnet werden.

Vor allem die ältesten Söhne der japanischen Bauern lud Toyohiko Kagawa zu den Lehrgängen ein, denn sie übernahmen einmal die Höfe und bestellten den Boden. Neben den technischen Verbesserungen wollte Kagawa auch die zwischenmenschlichen Beziehungen verbessert sehen. So lehrte er die jungen Menschen, Genossenschaften zu gründen und sich mit mehr Liebe zwischen den Menschen den gestellten Aufgaben zu stellen. Immer wieder wies er darauf hin, daß der Mensch mit der Natur in Einklang leben müsse, denn nur so könne er auf das Vertrauen Gottes zählen. Wenn wir nicht mehr den Boden lieben, wird er auch uns nicht mehr lieben, denn der Boden lebt! Hunderte von Bakterien leben darin. Sie werden alle sterben, wenn wir den Boden nicht mehr lieben.

Seine sozialen Reformbemühungen

»...Was sind denn eigentlich Ihre Grundsätze?«
»Ich bekenne mich zu dem christlichen Sozialismus.«
»Sie wollen also keinen...« (Diese Stelle ist im Original freigelassen. Wahrscheinlich bezieht sie sich auf den Tenno.)
»Nein, das ist nicht der Fall. Was ich verlange ist, daß die Armen und die gedrückten Arbeiter eine gerechte Behandlung erfahren.«
. . .
»Was verstehen Sie unter gerechter Behandlung? Meinen Sie gleichmäßige Verteilung des Besitzes?«
»Nein, ich verstehe darunter, daß die Arbeiter genügend entlohnt werden und daß den faulen Reichen die Dividenden entzogen werden, mit denen sie sich die Taschen füllen.«
»Glauben Sie, daß es je so weit kommen wird?«
»Ja, das glaube ich.«
»Sie hoffen also, daß es zu einer Revolution kommt?«
. . .
»Nein, ich halte eine Revolution nicht für notwendig.«
»Wie kann dann Ihr törichter Traum in Erfüllung gehen? Ist das überhaupt möglich ohne Revolution?«
»Er wird sich erfüllen, wenn die Herzen der Menschen sich ändern und damit auch die Entwicklung der Arbeiterverbände.«
»Ich kann Ihnen nicht zustimmen. Sie wollen eine Revolution, und bereiten sie vor, indem Sie die Armen und die Arbeiter aufhetzen. So sehe ich Ihre bisherige Handlungsweise.«

»Wenn Sie es so sehen wollen, ist das Ihre Sache.«

»Meine Sache? Was wollen Sie damit sagen?«

Eiichi, der mit niedergeschlagenen Augen dagesessen hatte, erschrak bei diesem lauten Ruf und sah dem Richter voll ins Gesicht.

»Was soll das heißen, daß Sie mich so anstarren?« schrie der Richter, der Eiichi einschüchtern wollte.

Eiichi schwieg und überließ es dem Richter, in Zorn zu geraten. Es bereitete ihm Spaß, an diesem Mann psychologische Studien zu treiben und zu beobachten, wie sich seine Stirn plötzlich im Ärger verzog. Er selbst war völlig ruhig und Herr seiner Gedanken. Es war ihm, als hätte er in einem Hörsaal einen Fall geistiger Gestörtheit zu untersuchen. Je mehr er darüber nachdachte, um so klarer wurde ihm, daß der Beruf eines Richters etwas äußerst Unangenehmes sei. Es war ein Beruf, in dem man zornig werden mußte, in dem man sich selbst immer als gerecht hinstellte und in dem man seine Mitmenschen verurteilte. Das Allerschlimmste war, man mußte von allen Menschen glauben, daß sie Unrechtes taten.[17]

Toyohiko Kagawa glaubt an den Kommunismus, aber an einen Kommunismus der frühen christlichen Kirche und eines Tolstois, weit weniger an den eines Karl Marx. Er ist gegen eine Klassentrennung und betet und predigt für eine leidenschaftliche Verwirklichung der Bruderliebe. Er ist auch gegen Marx' Klassenkampf, befürwortet hingegen Tolstois Gewaltfreiheit. Beim Aufbau einer neuen Gesellschaft rechnet er mit der Evolution und nicht mit einer Revolution. Mahnend verweist er auf die Französische und Russische Revolution, die beide, durch Gewalt herbeigeführt, von einem tragischen Verlust wirtschaftlicher, moralischer und geistiger Werte begleitet wurden. Er stellt sich eine Gesellschaft vor, in der der Mensch dem Menschen gegenübersteht, in der menschliche Werte an erster, Geld und materielle Dinge an zweiter Stelle stehen sollen; eine Ordnung, in der der einzelne sich ungehindert entfalten kann, in der die Güter gerecht verteilt sind und der Lebensunterhalt aller garantiert wird.

Toyohiko Kagawa sieht vor allem drei Hauptströme, die das Leben im 20. Jahrhundert verwirren:

Der erste bringt die Konzentration der Bevölkerung in den Städten mit dem damit verbundenen Anwachsen der körperlichen, moralischen und seelischen Gefahren. Er erklärt, daß vollwertige Persönlichkeiten sich nur dort entfalten können, wo die Menschen nicht der Möglichkeiten beraubt sind, mit den Bäumen wie mit Freunden Gemeinschaft zu pflegen, den Duft frischen Grases zu atmen, dem Zirpen der Insekten zu lauschen, dem Singen des Windes zuzuhören, an stillen Wassern mit ihrer heilsamen Ruhe zu verweilen, sich im Sonnenschein zu baden und so mit der Natur in all ihren Stimmungen eins zu werden. »Der Flug der Libelle, die Verwandlung der Puppe, die Bäume, die sich in frisches Grün kleiden, der Zweig, auf dem der graue Star sitzt, während er meiner Seele zuflüstert, die Ameise, die im Sande kämpft – alles ist ein Wunder. Eine Macht, größer als ich selbst, regiert die Welt. Ich neige mich in Demut und preise staunend die sich immer erneuernden Formen der unveränderlichen Natur.«

Kagawa betrachtet 30 000 Einwohner als Maximum für eine Stadt. Städte mit über 200 000 nennt er schlichtweg ein Verhängnis. In dem natürlichen Leben solcher überbevölkerten Mittelpunkte sind der Kultur gleichsam Fesseln angelegt. Sie bewegt sich ihrem frühzeitigen Verfall entgegen. »Für denjenigen, der zu beschäftigt ist, ist selbst die Gelegenheit, auf die Stimme des Gewissens zu lauschen, verlorengegangen. Der Grund, warum unsere Großstädte mit verbrecherischer Jugend voll sind, liegt darin, daß man dem Kinde in unserer Zeit nicht mehr Gelegenheit gibt, nachzudenken.« – »30 000 ist annähernd die richtige Bewohnerzahl für eine Stadt. Wird diese Zahl überschritten, dann bin ich von einem unwiderstehlichen Verlangen besessen, sie dem Erdboden gleichzumachen. Der moderne Mensch sollte weniger gierig sein und sich eine weit einfachere Lebensweise zu eigen machen.«

Die zweite Strömung bringt die Zusammenballung von Maschinenarbeit und damit die Herrschaft der Maschine über den Menschen. Diese Erscheinung läuft auf einen sich immer wiederholenden Arbeitsprozeß hinaus und damit auf eine Vernichtung jeder schöpferischen Arbeitsleistung. Sie mechanisiert den Arbeiter. Sie beraubt ihn aller Initiative, zerstört seine schöpferischen Anlagen, vernichtet den Trieb, sich auszuzeichnen, erstickt die Leidenschaft nach Fortschritt und macht den Menschen zuletzt zu einer Maschine oder entläßt ihn in die sich stets vergrößernde Armee der Arbeitslosen.

Die dritte Strömung schließlich bringt die Zusammenballung des Kapitals in den Händen weniger mit der daraus folgenden ungerechten Verteilung, einer immer größer werdenden Ausbeutung, Armut und einem wirtschaftlichen Determinismus.

Rückhaltlos ist Kagawa gegen jede soziale und wirtschaftliche Ordnung, in der ein Teil der Menschen Überfluß und ein anderer Mangel hat. Er betont, daß die Voraussetzung für einen kommenden Wechsel die Abschaffung des gegenwärtigen, ausbeutenden kapitalistischen Systems mit seinem eigennützigen Geist, seiner Gewinnsucht, seinen ausbeutenden Methoden und dem Ziel der Kapitalanhäufung sein muß. Er möchte vielmehr die Gemeinschaft sowie den Reichtum der Welt sozialisieren. Er hat im Sinn, eine Gesellschaft aufzubauen, in der die Liebe an die Stelle der Gewinnsucht tritt, in der rücksichtsvolle Zusammenarbeit die gewissenlose Konkurrenz der Gegenwart ersetzen soll, in der Dienst und Opfer an Stelle von Ausbeutung und selbstsüchtigem Erwerb treten.

Kagawa glaubt, die Hauptursache des Strebens nach Gewinn und Profit darin gefunden zu haben, daß die Quellen des Verständnisses, der Rücksichtnahme und des Mitgefühls zwischen Mensch und Mensch versiegen, Klasse gegen Klasse gehetzt und Rasse gegen Rasse in verderbenbringende Wirtschafts- und Handelskriege geführt werden. Nach Kagawa muß das gesamte wirtschaftliche Weltbild von innen her eine Umwälzung erfahren, die in ihren Auswirkungen nicht weniger tiefgreifend sein wird als die, die durch die Einführung des kopernikanischen Weltbildes anstelle des ptolomäischen einsetzte. Der Menschheit muß bewußt werden, daß Kapital nicht zuerst und allein in materiellen Gütern liegt. Es ist auch das »soziale Gut«, nämlich die Energie und Arbeitsfreude des Menschen.

Der wahre Wert eines wirtschaftlichen Systems liegt in den menschlichen Werten und nicht in den materiellen. Wo materieller Besitz das einzige Kriterium für Erfolg ist und die Anhäufung und Konzentration von Kapital zum Ideal werden, wird man nicht viel für die Gesellschaft tun. Vielmehr wird man alles versuchen, andere auszubeuten und sein eigenes Kapital anzuhäufen. Der Kapitalismus wie der Kommunismus können letztlich nicht überleben, weil sie alle nur auf materielle Weise aufgebaut sind. Wir brauchen ein Wirtschaftssystem, das auf christlichen Werten basiert, das dem einzelnen die Chance zum Leben, zum Arbeiten und zur eigenen Entfaltung gibt.

Nur wenn das Kapital sozialisiert ist und alle vom Geist gegenseitiger Hilfsbereitschaft beherrscht werden, kann ein neues Sozialwesen geschaffen werden. Alle diese Bemühungen müssen aus der Bereitschaft entstehen, einander zu helfen und zu lieben. Sowohl die Arbeiter als auch die Bauern, d. h. jede soziale Gesellschaftsschicht, müssen vor allem in diesem Sinne moralisch ausgerichtet sein.

Daher ermahnt Toyohiko Kagawa die christlichen Arbeiter und Bauern, ihre Motive, ihre Wünsche und ihr Leben zu überprüfen, niemanden auszuschließen, sei er arm oder reich, alle Menschen wahrhaftig zu lieben, ihre Gewerkschaften zu unterstützen; das aber nicht aus selbstsüchtigen Absichten. Keiner darf nur seine eigenen Belange sehen und darüber die Gesellschaft als Ganzes vergessen.

Der Arbeiter muß aber die Übergangszeit, in der sich die Welt jetzt befindet, hinnehmen und dabei anerkennen, daß es Kapitalisten gibt, die ehrlich bereit sind, auch ihrerseits das Rechte zu tun. Mit solchen Arbeitgebern sollte der Arbeiter bei dem Versuch zusammenarbeiten, das Kapital durch Evolution, nicht aber durch revolutionäre Methoden zu sozialisieren.

Ist der Arbeitgeber aber ein Ausbeuter, dann sollte der Arbeiter versuchen, ihm dessen irrtümliche Auffassung klarzumachen, ohne dabei zu Gewaltmaßnahmen zu greifen. Niemals darf das Endziel, die Sozialisierung des Kapitals, aus dem Auge verloren werden.

Das neue, alle Kräfte mobilisierende, soziale Programm Kagawas wird durch die Bewegung tief in alle Schichten der Bevölkerung hineingetragen. Die Konservativen und Reaktionäre bekämpfen seine Fortschritte. Dennoch zählen zu seinen Bewundern und Anhängern Tausende. Unter den Armen und Reichen jubeln ihm alle, die sich nach einem gerechteren sozialen System sehnen, als ihrem unvergleichlichen Führer zu.

Daraufhin setzt der Zustrom zur radikalen Linken ein und damit die materielle Ausbeutung der Welt und des Lebens, ihr idealistisches und antireligiöses Programm, ihr Ruf nach Klassenkampf und Gewalt. Diese Propaganda marschiert mit Siebenmeilenstiefeln durch die Reihen der Arbeiter und Bauern, reißt sie in Rechte und Linke auseinander, die nun mit den Radikalen eine aggressive und immer stärker wachsende Mehrheit darstellen. Sehnsuchtsvoll blicken sie nach Rußland, wo ihre Standesgenossen ihr Schicksal selbst in die Hand genommen haben und – wenigstens nach ihrer Propaganda – auf dem Wege sind, das Paradies auf Erden zu verwirklichen, in dem sie Ideologien, Religion und Moral aufgeben und nur noch dem Klassenkampf leben.

Als Kagawa sich weigert, alles rot zu sehen und zur Gewalt zu greifen, als er sich weigert, Klasse gegen Klasse aufzuhetzen, entsteht sowohl bei den Arbeitern als auch bei den Bauern Widerstand gegen seine Führung. Wegen ihres Abfalls wandelt sich das Kräfteverhältnis: Kagawa bleibt als Führer einer Minorität zurück. Von allen Seiten greift man ihn an. Wieder ist er zum einsamen Propheten geworden, er, der gegen Materialismus, Kapitalismus, Klassenfeindschaft, Gewalt und falsch verstandene Religion seine Stimme erhoben hat.

Seine Leidenschaft, eine neue Weltordnung aufzubauen, wächst jedoch mit der Zahl seiner Feinde. Unerschrocken ringt er mit seinen Gegnern. Aus diesem Ringen geht er als überzeugter Vorkämpfer für eine soziale Demokratie auf parlamentarischer Grundlage und für ein allgemeines Stimmrecht hervor. Er bekämpft die proletarische Diktatur ebenso wie die Unterdrükkung von Minderheiten und die Gewalt der Kommunisten, die eine »Verleugnung der Demokratie, eine Fesselung der Freiheit« seien.

Diese Erklärung macht Kagawa, den früheren Abgott der Arbeiterklasse, zur Zielscheibe ihrer Kritik und zum Gegenstand ihres bittersten Hasses. Sie brandmarken ihn als einen Verräter an ihrer Sache, als einen Verbündeten der bürgerlichen Demokratie.

Der rote Flügel der Arbeiterbewegung in Kobe, dem Mittelpunkt seines selbstlosen Wirkens, gibt folgende Proklamation an die Arbeiter der Nation heraus:

»Begrabt Kagawa, den Scheinheiligen, der unaufhörlich uns zu täuschen versucht, uns, die besitzlose Klasse. Dieser falsche Menschenfreund will über uns der Religion zum Vorteil verhelfen. Er streut darum tödlich wirkende Betäubungsmittel unter uns aus. Hier in Kobe erscheint er in der Gestalt eines Heilands, aber seine Botschaft hat absolut keine Beziehung zum Leben der besitzlosen Klasse.

Versucht er nicht, uns aus unserer verzweifelten Lage zu retten, in dem er uns mit unserem Schicksal auszusöhnen versucht durch den Glauben an eine Religion, die falsch ist und uns täuscht? Es nützt uns gar nichts, wie lange und wie laut wir auch ›Amen‹ rufen. Unsere leeren Mägen werden damit nicht gefüllt. Wo ist das Tor zu seinem Himmel des ›Amensagens‹, wo wirkliche Erlösung? Kagawa mit all seinen lebensfernen, törichten Reden vermag es selbst nicht zu sagen. Während wir durch seine Religion irregeführt werden, schlafen die Kapitalisten ruhig in ihren Daunenbetten.

In den Augen eines Kämpfers in der Schlachtlinie der Arbeiterschaft ist Kagawa ein hassenswerter Feind! Reißt ihm seine Maske herunter! Zieht ihm seine Haut ab! Verbannt ihn aus unserer Mitte!«

Durch das nicht aufzuhaltende Vordringen des Kommunismus wird auch die japanische Bauernunion gespalten. Ähnlich wie die Arbeiter richten nun die Landwirte ein landesweites Manifest an das Volk:

»Kagawa arbeitet für die begünstigten Klassen. Tut ihn in den Bann! Wir jungen Leute aus der besitzlosen Klasse haben keine Lust, unter den Einfluß seiner Betäubungsmittel zu gelangen! Er bringt Verwirrung in unsere Bewegung. Wir sind verpflichtet, diesen Handlanger einer in Klassen eingeteilten Gesellschaftsordnung vor den Massen bloßzustellen. Es ist unsere Pflicht, den Zerstörer der Bewegung der besitzlosen Klasse zu begraben. Man darf ihm nicht erlauben, unsere Kampffront in Unordnung zu bringen.«

Toyohiko Kagawa ist, wie alle Menschen mit starken Überzeugungen, unnachgiebigen Grundsätzen und scharf umrissenen Programmen, einer der heißgeliebten und zugleich bitter gehaßten Persönlichkeiten im ganzen Kaiserreich. Der profitsüchtige Kapitalist, der revolutionäre Kommunist, der antireligiöse Sozialist, der reaktionäre Politiker und der religiöse Führer, der den Gott »der Dinge, wie sie sind« anbetet – alle sehen in ihm einen bedrohlichen Unruhestifter.

Dies änderte sich zum Teil erst nach dem Zweiten Weltkrieg, als Kagawa aktiv als Berater der Parteien tätig wurde. Doch wirkliche Anerkennung fand er in seinem Heimatland nie. Die Tatsache mag überraschen, daß Toyohiko Kagawa im Ausland bekannter war als in Japan. Wieder einmal scheint sich das Wort zu erfüllen, daß der Prophet im eigenen Lande nichts gilt.

Er schreibt: »›Ich entdeckte im Römerbrief, daß Paulus lehrt, wir sind die Besitzer der Welt.‹ An die Korinther schreibt er: ›Deshalb soll kein Mensch seinen Ruhm auf Menschen setzen. Denn alle Dinge gehören euch. Sei es die Welt oder das Leben oder der Tod, die gegenwärtigen oder die zukünftigen Dinge, alle gehören euch.‹ Und wieder sagt er: ›Indem ich nichts besitze, bin ich doch Herr aller Dinge.‹

Die Tatsache, daß er das Besitzrecht über alle Dinge fordert, zwingt mich unaufhörlich, darüber tiefer nachzudenken. Ich stehe betroffen vor der Weite seiner geistigen Einsicht.

Gibt es irgendeinen anderen Weg, um zum rechten Verständnis des Eigentumsrechts zu gelangen, als Gott unter den Menschen bekannt zu machen? Bei dieser Frage ist von allergrößter Wichtigkeit, daß Paulus, der nichts besaß, das Besitzrecht an der ganzen Welt zuteil wurde.

Wenn die Anhänger des Privateigentumrechts sowie die des kommunistischen Systems nicht zur Lehre des Paulus hinfinden, werden sie am Ende beide zunichte werden.«

Seine pazifistischen Bemühungen

»Es gibt Menschen, die vertreten die Ansicht, brutale Gewalt löse alle Schwierigkeiten. Wäre Gewalt solch ein wichtiger Faktor, würde es hilfreich sein, wir könnten uns der Erdbeben und vulkanischen Ausbrüche bedienen. Sie müßten dann einen weit größeren Beitrag zur Entwicklung der menschlichen Gesellschaft leisten als Newton und Edison. Doch die Entwicklung der menschlichen Gesellschaftsordnung wird nicht bestimmt durch Militaristen oder Anarchisten, die sich auf Gewalt stützen.

Eine Welt, die durch Gewalt aufgebaut ist, wird durch Gewalt auch zerstört werden. Fordert mich nicht auf, in solch einer unsicheren Welt zu leben. Ich setze keinerlei Hoffnung auf irgendeine Gewalt, ganz gleich in welcher Gestalt.

Nur die Kraft, die im Inneren lebt, befähigt uns zu Wissenschaft, Erfindungskraft, Entdeckergeist – zu allem Streben, das sich auf das höchste Gut richtet. Alle äußeren Gewalten, die sich über diese Kräfte hinwegsetzen, sind letztlich ohnmächtig. Ich stütze mich auf die unsichtbaren inneren Kräfte.«

Ehe ich mit meinen Ausführungen zu diesem Kapitel fortfahre, möchte ich zunächst kurz auf die Begriffe »Krieg« und »Frieden« im japanischen Denken eingehen.

»Frieden« ist nach fernöstlicher Auffassung keineswegs der Gegenbegriff zu »Krieg«. »Frieden« ist der Bezug eines Menschen oder einer Gruppe zu einem anderen Menschen oder einer anderen Gruppe. Das ist nichts Statisches. Im Gegenteil,

»Frieden« bezieht sich immer auf etwas Dynamisches, nämlich auf die Erfüllung des Lebens, die jegliche Angst ausschließt. Der Gegenbegriff zu »Frieden« ist demnach »Angst«, d. h. Friedensbewegungen dürfen nicht aus Angst vor Menschen entstehen, geschweige denn aus Haß gegenüber Feinden.

In Japan ist heute die Beschäftigung mit dem Friedensproblem eng mit der Verknüpfung der Botschaft Jesu verbunden. Sie wird oft mit dem Begriff »christliches Engagement für die Politik« umschrieben. Wenn ein Mensch sich glücklich fühlt, heißt das mit anderen Worten, daß er Hoffnung in die Zukunft setzt. Der synonyme Begriff für »Frieden« ist daher »Hoffnung«. Das ist auch die eigentliche Bedeutung des hebräischen Wortes »Shalom«.

Bereits sehr früh war in Toyohiko Kagawa der glühende Friedensfreund zu erkennen. Aus tiefster innerer Überzeugung war er Anhänger der Gewaltlosigkeit. Schon als 16jähriger, als er in Tokushima die Abschlußklasse der Boy's Middle School besuchte, verweigerte er den Gehorsam beim Dienst mit der Waffe. Hierzu schrieb er selbst: »Damals – 1904 – brach der Krieg gegen Rußland aus. Unser Kaiser hat ihn plötzlich erklärt, und mich empörte das. Der Krieg kostete uns große Opfer. Unsere Siege kamen uns teuer zu stehen. Viele Tausende verbluteten vor Port Arthur. Wir Jungen in der Schule sollten auch zum Kampf vorbereitet werden und mußten täglich an Gewehren üben. Ich aber warf mein Gewehr zu Boden. ›Warum tust du das?‹ schrie mich der Lehrer an. – ›Weil ich glaube, daß es unrecht ist, ein anderes Volk zu überfallen und einen Krieg zu beginnen.‹ Meine Mitschüler waren starr vor Entsetzen. Der Lehrer schlug mir mit der Faust ins Gesicht. Blutend fiel ich zu Boden. Aber das Gewehr hob ich nicht auf.«

Als Toyohiko im gleichen Jahr nach Tōkyō zum Presbyterianer-Kolleg wechselte, änderte das nichts an seiner Grundüberzeugung: »Mit 16 Jahren ging ich nach Tōkyō, um dort meine Ausbildung fortzusetzen. Damals waren wir dort nur drei Pazifisten, nämlich zwei Brüder aus dem Süden und ich. Die zwei waren äußerst schlau und hielten den Mund. Ich jedoch nicht. Eines Abends beschloß die Studentenversammlung, über mich zu urteilen. Man ließ mich nachts auf den Sportplatz hinter dem Seminar kommen. Dort waren alle Studenten unter der Führung von H. versammelt, der heute Pfarrer einer der größten Presbyterianerkirchen Tokyos ist. Er fragte mich: ›Behauptest du, daß Japans Kriegserklärung an Rußland ein Fehler war?‹ – ›Ja, ganz bestimmt!‹ – ›Wie dumm du doch bist! Jetzt gehorche unseren Befehlen!‹ Einer der Studenten kam und gab mir eine Ohrfeige. Ich weiß nicht, wie oft ich in dieser Nacht geschlagen wurde. Als ich in mein Zimmer zurückkehrte, fühlte ich mich sehr allein. Aber ich schwieg nicht und predigte weiter für den Frieden.«

Nach seiner Rückkehr aus Amerika im Jahre 1917 setzte Kagawa sich öffentlich mit dem Pazifismus und den daraus resultierenden Fragen auseinander. Er schrieb hierzu zahlreiche Aufsätze in verschiedenen Zeitungen und Zeitschriften. Im folgenden gebe ich auszugsweise einen Artikel aus dem Jahre 1919 mit dem Titel »Heiwa no michi« (»Der Weg des Friedens«) wieder. Darin geht es um Japans imperialistischen und militärischen Ehrgeiz, wie ihn die Militärregierung im Jahre 1915 mit den 21 Forderungen an China und 1918 mit der Entsendung von Truppen nach Sibirien demonstrierte:

»Die gesamte Welt bejubelt die Rückkehr des Friedens. Engländer, Amerikaner, Belgier – alle jubeln. Jedoch Japan kann nicht jubeln.

Es gibt keinen Frieden in Japan. China ... Sibirien ..., das ist seine Diplomatie, und seine Politik besteht aus der Militärpolizei. Ich bin beschämt über eine Nation, die sich des Raubes bedient, um zu wachsen.

Die japanische Geschichte ist voller Lügen. Jetzt ist in diese Nation wohl Friede eingekehrt. Aber das Land wird von Banzai-Rufen[18] erschüttert. Ist das wirklich ein Anlaß, zu jubeln?

Der Weg des Friedens ist nicht der Weg der Lüge. Der Weg des Friedens ist nur mit leidenschaftlicher Liebe zur Wahrheit möglich. Laßt uns ernsthaft darum bemüht bleiben, sonst werden wir unfähig sein, den Frieden auszuhalten. Ein Friede, der von einer Armee von einer Million Soldaten überwacht wird, ist kein wahrer Friede.

Ein mit dem Schwert erkämpfter Friede ist kein Friede. Laßt uns die Armee auflösen. Nur dann wird es wirklichen Frieden geben.

Japanisches Volk, befreie dich vom Schwert, von der geheimen Diplomatie, von den Kriegsschiffen, von der Gier nach neuen Territorien und von deiner falschen Geschichte! Wie lange hält die Verehrung des Säbels noch an?«

Im Jahre 1926 trat Toyohiko Kagawa zum ersten Mal ins weltweite öffentliche Rampenlicht des Pazifismus. Als einziger Japaner unterschrieb er ein Manifest gegen die Wehrpflicht, das in London dem Völkerbund vorgelegt wurde. Es trug die Namen so bedeutender Persönlichkeiten wie Rabindranath Tagore, Mahatma Gandhi, Albert Einstein, Romain Rolland und anderer großer Führer im Kampf gegen den Krieg. Kagawas Unterschrift führte dazu, daß ab sofort in seinem Land sein Name ganz oben auf den schwarzen Listen der Ultra-Nationalisten und Militaristen erschien.

Einen Auszug aus dem Anti-Wehrpflicht-Manifest gebe ich hier wieder: »...Wir verlangen definitive Schritte in Richtung einer totalen Abrüstung sowie die Demilitarisierung des Geistes der zivilisierten Völker. Die wirkungsvollste Maßnahme hierzu wäre eine weltweite Abschaffung der Wehrpflicht. Daher bitten wir den Völkerbund, die Abschaffung des Pflichtwehrdienstes in allen Ländern als ersten Schritt zu einer wahren Abrüstung vorzuschlagen.

Es ist unsere Überzeugung, daß einberufene Armeen mit ihren großen Corps an Berufsoffizieren eine ernste Bedrohung des Friedens darstellen. Die Wehrpflicht trägt zur Erniedrigung der Persönlichkeit und zur Freiheitsberaubung bei. Das Barakkenleben, der militärische Drill, blinder Gehorsam gegenüber Befehlen – wie ungerecht und töricht sie auch sein mögen – und das wohlüberlegte Training zum Töten untergraben den Respekt für das Individuum, für Demokratie und menschliches Leben überhaupt.

Es bedeutet die Erniedrigung menschlicher Würde, Männer zu zwingen, jemanden gegen ihren Willen zu töten. Der Staat hat nicht das Recht, seine Bürger in den Krieg zu schicken. Durch die Wehrpflicht wird der militärische Geist der Aggressivität der gesamten männlichen Bevölkerung eingepflanzt und das zu einem Zeitpunkt, in dem sie sich in einem höchst beeinflußbaren Alter befindet. In ihrer Ausbildung kommen die jungen Männer schließlich zu der Überzeugung, daß der Krieg als unvermeidbar, wenn nicht sogar als wünschenswert angesehen werden muß...

Beim ersten Entwurf der Verfassung des Völkerbundes schlug Präsident Wilson vor, die Wehrpflicht in allen beigetretenen Ländern zu verbieten. Es ist unsere Pflicht, diesem ursprünglichen Geist, der den Völkerbund ins Leben rief, wieder Raum zu geben. Mit der Abschaffung der weltweiten Wehrpflicht unternehmen wir einen entscheidenden Schritt hin zu Frieden und Freiheit. Daher rufen wir alle wohlwollenden Männer und Frauen in allen Ländern auf, darauf hinzuwirken, daß die Regierungen den Völkerbund dazu veranlassen, eindeutige Schritte zu unternehmen, um die Welt vom Geist des Militarismus zu befreien und den Weg zu einer neuen Ära des Friedens zu schaffen.«

In den folgenden Jahren verschlechterte sich die Ernährungslage in Japan zusehends. Es kam zu ersten Lebensmittelrationierungen. Der öffentliche Druck wuchs unaufhaltsam, da der Inselstaat nicht mehr länger in der Lage war, sich selbst zu versorgen. Die zunächst völlig ratlose Regierung plante nun immer konkreter, dieses Problem durch territoriale Erweiterungen zu lösen. Hierbei dachte man vor allem an militärische Aktionen gegen das an Rohstoffen reiche China. Ferner sollte die Vormachtstellung Japans in Ostasien ausgebaut werden.

Inzwischen hatte auch die Kwantung-Armee (jener Teil der japanischen Streitkräfte, der seit 1905 in der Mandschurei stationiert war) den Plan gefaßt, Chang Tso-Lin, einen »Warlord«, der in diesem Teil Chinas den starken Mann spielte, an die Leine zu legen. Schon längst sollte die Mandschurei von

China unabhängig werden, doch Chang Tso-Lin trat diesen Vorstellungen immer wieder energisch entgegen. Als er im Jahre 1928 von Peking (Peiping) nach Shenyan (Mukden) zurückfuhr, flog sein Eisenbahnzug in die Luft. Das wurde zum Wendepunkt der Ereignisse.

Noch im gleichen Jahr überfielen japanische Truppen unter General Tanaka Giichi, der das Amt des Ministerpräsidenten und zugleich das des Außenministers innehatte, Shantung. Als Toyohiko Kagawa davon erfuhr, ging er öffentlich dagegen an und gründete aus Protest gegen die Wehr- und Kriegspflicht in seinem Land noch im gleichen Jahr eine Anti-Kriegs-Liga. Das war für das militaristische Japan etwas Unerhörtes.

Schon bald veröffentlichte die Liga ein Manifest mit folgendem Inhalt:

a) Wir sind Gegner des Krieges und aller Kriegsvorbereitungen.

b) Wir sind gegen alle aggressiven imperialistischen, politischen und wirtschaftlichen Bewegungen.

c) Wir sind gegen jede Angriffspolitik und gegen die Unterdrückung schwächerer Gruppen und Völker.

Die Liga hatte ein umfangreiches Programm ausgearbeitet, das unter anderem folgende zehn Punkte enthielt:

a) Die ganze Nation soll sich gegen den Krieg aussprechen.

b) Umsetzung des Pariser Friedenspaktes von 1856 in die Wirklichkeit.

c) Einrichtung eines internationalen Gerichtshofes als eines permanenten, mit Vollmachten versehenen Gerichtes.

d) Durchsetzung eines Erziehungsprogramms, das die Idee einer Welt ohne Krieg berücksichtigt.

e) Aufhebung des Artikels 1 in der Konstitution des Völkerbundes.

f) Kontakte zwischen allen Anti-Kriegs-Organisationen der Welt.

g) Vereinigung aller Friedens- und Anti-Kriegs-Organisationen Japans.

h) Agitation zur Verminderung der Ausgaben für militärische Zwecke.

i) Verbot von Handel mit Munition und Waffen jeglicher Art.
j) Verbot einer Erziehung mit imperialistischem Gedankengut.

Im Nu zog Toyohiko Kagawa wiederum den Zorn aller Reaktionäre und Ultra-Nationalisten auf sich. Sowohl in deren Reden als auch in der Presse verdächtigte man ihn als amerikanischen Pazifisten oder russischen Kommunisten. Schließlich wurde er landesweit als Verräter angeklagt: »Tötet den Landesverräter Kagawa! Er ist ein Gegner der japanischen Nation. Er ist ein Verräter am japanischen Volk.« Wiederholt war sein Leben unmittelbar bedroht. Die Polizei nahm ihn zu seinem eigenen Schutz fest. »Gut, wenn sie mich töten wollen, so werde ich für den Weltfrieden sterben.« Zu allem entschlossen, unterließ die Regierung keine Maßnahmen, um diejenigen mundtot zu machen, die sich mittlerweile seiner Liga angeschlossen hatten.

Aufgrund der allgemeinen nationalen Lage glaubten die sowjetischen Kommunisten, daß die Zeit für eine Revolution gekommen sei. Doch erhielten auf einmal die Ultra-Nationalisten starken Zulauf, wie es zu diesem Zeitpunkt auch in Deutschland und Italien der Fall war. Darum wurde das Vorhaben der Kommunisten schon im Keim erstickt. Unverzüglich erließen die japanischen Behörden die notwendigen Gesetze, die die Kommunistische Partei im Land verboten. Innerhalb kürzester Zeit verhaftete das erstarkte Militärregime Hunderte von Parteimitgliedern.

Die »Freunde Jesu« unterstützten Toyohiko Kagawa in seiner landesweiten Öffentlichkeitsarbeit. Aufgrund eines eben erst ausgeheilten Tuberkuloseanfalls hielt sich sein Freund Takahashi bei ihm auf. Beide verfaßten folgendes Manifest gegen den Krieg, das am 19. 9. 1931 erschien, ehe noch am gleichen Tag die Meldung von der Einnahme Mukdens in Tokyo eintraf: »Die bürgerlichen Klassen suchen nach einer Gelegenheit zur Kriegserklärung. Sie rechnen sich dadurch Vorteile aus:
1) Indem sie gegenüber China eine imperialistische Haltung einnehmen um des materiellen Gewinns wegen.

2) Indem sie der Revolution in China ein Ende setzen, was zum Krieg mit Sowjetrußland führen wird.
3) Indem sie die Abrüstung verhindern.
Der Krieg in der Mandschurei wird ein Zweiter Weltkrieg werden. Arbeiter und Bauern werden ihr Blut vergießen müssen, aber die Kapitalisten werden daran verdienen.«
Dieses Manifest mußte wie Hohn erscheinen, war doch der Krieg mit China von den Militaristen bereits langfristig vorbereitet worden. Japanische Truppen waren ohne ausdrücklichen Befehl aus Tokyo in die Mandschurei eingefallen, aber niemand hatte sie zurückgerufen. Das schwache und zerrissene chinesische Reich konnte diesem Ansturm kein geschlossenes Heer entgegenstellen, weil dem chinesischen Heerführer Chiang Kai-shek durch einen Feldzug gegen die Kommunisten im eigenen Land die Hände gebunden waren.

Doch überraschenderweise blieb es diesmal nicht nur bei dem Manifest, das die Kriegsherren wahrscheinlich in ihren Schubladen verschwinden ließen. Zum ersten Mal in der Geschichte Japans organisierten die Arbeiterbewegungen spontan landesweite Friedenskundgebungen. Als ihr Protest ungehört blieb, schlossen sie sich mit allen anderen genossenschaftlichen Verbänden zusammen. Als eine einzige große Friedensvereinigung traten sie an Kagawa heran und baten ihn um seine Führung.

Seine langjährige Arbeit schien die ersten Früchte zu tragen. Toyohiko Kagawa konnte nicht anders handeln, als zuzusagen. In seinen Reden forderte er immer wieder einen »Genossenschaftspazifismus«, der Frieden auf wirtschaftlichem Gebiet schaffe und so soziales Wohlergehen und den Weltfrieden gewährleiste. Was er in den Verbraucher- und Erzeugergenossenschaften, in seiner genossenschaftlich eingerichteten Poliklinik und Krankenversicherung im kleinen erreicht hatte, das wollte Kagawa nun auch im großen zwischen den Völkern verwirklicht sehen: »Keine Mildtätigkeit, sondern christliche Liebe in täglicher Übung! Man will unser Christentum sehen. Wir wollen das System genossenschaftlicher Gemeinschaft zwischen den Völkern versuchen. Dann werden Weiße, Schwarze,

Gelbe, Braune, Rote – kurzum, alle Rassen einander vertrauensvoll begegnen. Wir werden sehen, daß die Lehre Christi die einzige Lösung für den Weltfrieden ist.«

Wie sehr dieser Krieg Kagawa belastete, verdeutlicht ein Tagebucheintrag: »Wieder bin ich ein Kind der Sorge, beladen mit der Schuld meines Landes. Möge China, möge die Welt uns verzeihen.« Da sich Toyohiko Kagawa für die kriegerischen Verbrechen im »Land der Mitte« mitschuldig fühlte, ließ er keine Möglichkeit aus, die eigene Regierung anzuklagen, obwohl er wußte, wie gefährlich diese Aussagen für ihn waren: »Wie wenig ihr wißt, ihr Kriegsherren Japans! Seht ihr denn nicht, wie viele Menschen in unserem Lande hungern und in Not sind? Ihr glaubt wohl, ihnen dadurch helfen zu können, daß ihr fremde Länder erobert? Nein, Unrecht bringt nur neues Unrecht hervor! Es gibt nur ein Mittel, den Krieg zu bekämpfen, und das ist: im eigenen Land Gerechtigkeit herzustellen und den Menschen zu helfen, in Freiheit leben zu können. Ihr meldet Sieg um Sieg. Aber dahinter zeigt sich schon der Schatten des Unterganges unseres eigenen Volkes. Unsere Söhne fallen in euren Schlachten, unsere Menschen werden verdorben durch die Gedanken der Gewalt und des Unrechts, die ihr in ihre Herzen sät.«

Mit solchen Anklagen glaubte Kagawa noch nicht genug zu tun. Er scheute nicht davor zurück, sogar im Ausland öffentlich die Chinesen um Vergebung für die Schandtaten seiner Regierung zu bitten. In einem »Offenen Brief«, den er in den Vereinigten Staaten veröffentlichte, heißt es: »Vergebt die Sünden, die Japan begeht. Die anständigen Menschen in unserem Land haben keinen Einfluß auf die Militaristen. Aber es gibt viele unter uns, die die Sünden Japans auf ihr Herz nehmen. Ich hoffe aufrichtig, daß unser Gebet und unsere Bemühungen den Frieden zwischen unseren beiden Ländern bald wiederherstellen werden.«

Als der Krieg kein Ende nehmen wollte, unternahm Toyohiko Kagawa schließlich eine Pilgerreise durch China und predigte auch in der von seinen Landsleuten zerstörten Methodistenkirche in Shanghai, deren Pfarrer getötet worden war. Weinend stand Kagawa in der Ruine des Gotteshauses und sprach in erschütternder Weise zu den über 100 Chinesen, die sich eingefunden hatten. Eindringlich bat er sie demütig, die Sünden der japanischen Armee zu vergeben, die so viele christliche Freunde verfolgt und getötet hatte.

Nach Japan zurückgekehrt, erwartete ihn am Dock von Kobe bereits die Polizei und verhaftete ihn wegen seiner Aussagen im feindlichen China. Die ersten 48 Stunden saß er aufrecht auf dem kalten Boden, obgleich ihm ein Wachtposten immer wieder riet, sich auf die Matte zu legen. Toyohiko Kagawa hörte nicht auf ihn. Er betete und weinte. Ihm war klar, daß wenn Japan China zerstört, es sich selbst innerhalb kürzester Zeit zerstören würde. Nach Ablauf von 18 Tagen bewog der Außenminister das Justizministerium, Kagawa freizulassen. Kagawa mußte allerdings eine Geldstrafe zahlen, weil er öffentlich behauptet hatte, jeder Arbeiter sei soviel wert wie der Tenno.

Am 18. Februar 1932 erklärten die Japaner die besetzte Mandschurei zu einem unabhängigen Staat (Mandschukuo), der aber letztlich nichts anderes als eine japanische Marionette unter der Führung von Kaiser Pu-Yi war. Die Japaner unternahmen große Anstrengungen, Mandschukuo aufzubauen, aber die Einheimischen traten ihnen feindselig entgegen. In China boykottierte die Bevölkerung zeitweise japanische Waren, obwohl Chiang Kai-shek sein Volk aufforderte, mit den Japanern zusammenzuarbeiten und »würdevoll Ruhe zu bewahren«. Doch während der gesamten Besatzungszeit kam es immer wieder zu tätlichen Auseinandersetzungen. So wurden z. B. schon am 18. Januar 1932 vor einer chinesischen Tuchfabrik fünf Japaner attackiert. Als Rache griffen zwei Tage später 50 Mitglieder der japanischen »Gesellschaft zum Schutz der Jugend« eine Fabrik mit Dolchen und Knüppeln an und steckten sie in Brand. Zwei Chinesen kamen in den Flammen um.

Nach dem Waffenstillstand von Tangku am 31. März 1933 sollten die Waffen zwischen beiden Ländern zunächst einmal ruhen, auch wenn dieses Abkommen den Chinesen von den

Japanern unter schlechten Voraussetzungen aufgezwungen worden war.

Im April 1934 gab der Sprecher des japanischen Außenministeriums, Herr Anau, in einer offiziellen Erklärung bekannt, daß Japan die Aufgabe zufalle, Hüter von Frieden und Ordnung in Asien zu sein. China habe nicht das Recht, die Hilfe anderer Mächte (gemeint sind hier die Vereinigten Staaten) in Anspruch zu nehmen. Diese »Anau-Erklärung«, die als eine Art japanische Monroe-Doktrin für Asien galt, löste allgemein Empörung aus, so daß das Außenministerium, überrascht von der internationalen Reaktion, zurücksteckte und von einer schriftlichen Form der Erklärung absah. Doch die Ziele waren damit klar umrissen worden.

Selbst für die Japaner überraschend, eröffneten chinesische Einheiten, die gerade im Manöver waren, am 7. Juli 1937 das Feuer auf die in der Nähe von Peking stationierten Truppen der Kwantung-Armee. Diese Schüsse an der Marco-Polo-Brücke sollten zunächst den »China-Zwischenfall« heraufbeschwören und dann zu einem richtigen Krieg führen, der bis zum Ende des Zweiten Weltkrieges andauerte.

Durch dieses fortgesetzte brutale Vorgehen seines Volkes in China war Kagawa von tiefer Scham erfüllt, aber auch in banger Sorge. Er hatte sein Volk nach den Vorfällen in Shanghai und der Mandschurei zur Buße aufgerufen. Immer wieder warb er darum, mit China Freundschaft zu suchen und den Weg der Liebe zu beschreiten, der allein zur Verständigung unter den Völkern führen würde. Solange dies nicht geschehe, schrieb er, müsse er wie der Prophet Jeremia Klagelieder anstimmen. Die Chinesen hingegen bat er, seinem eigenen Volk im Namen ihrer großen, friedliebenden Weisen zu vergeben. Zuversichtlich sprach Toyohiko Kagawa von dem Tag, an dem Japan seine Waffen wegwerfen und zur Liebe des Kreuzes erwachen werde.

Als Kagawa im Juli 1938 erneut in der Mandschurei weilte, fand man in seinem Schreibtisch ein Gedicht, das eigentlich nicht zur Veröffentlichung bestimmt war, wohl aber den Höhepunkt seiner Opposition gegen den China-Krieg darstellte:

»O Tränen! Ungebet'ne Tränen!
Kommt ihr wieder mir? Ihr bliebt mir lange fern,
Vertraute aus meiner Kindheit Tagen!
Ihr kommt des Nachts, kommt in der Dämm'rung
Zwielicht,
Ihr kommt am hellen Tage.
Euer Kommen gestattet keinen Aufschub.
China stellt ihr mir vor Augen, das mein Volk zerstört,
und euer Zürnen muß ich tragen.
Doch ich bin kein Feigling. Bitte hört mich an:
Ich liebe China, wie ich Japan liebe,
und diesen Krieg kann ich nicht ertragen!
Tagtäglich frag' ich mich: Muß das so sein?
Meine Fragen aber finden keine Antwort.
Mein Leben ist nur noch ein Schattendasein.
Wie Christus unsre Sünden ans Kreuz trug,
muß ich nun meines Volkes Sünden tragen.
Land meiner Liebe, ach, wie schwer gibst du
zu tragen mir! Ich schleiche tiefgebückt
dahin in schwerer Hoffnungslosigkeit...
O Tränen! Ungebet'ne Tränen!
Lange bliebt ihr mir fern. Jetzt seid ihr wieder da!«

Solch ein tiefgehendes Bekenntnis christlicher Liebe mitten im blutigen Streit der beiden Nationen blieb auf chinesischer Seite nicht ohne Wirkung. Es förderte die Gemeinschaft der Christen beider Völker und fand lebhaften Widerhall im Herzen des Mannes, der, selber ein ernster und überzeugter Christ, das Schicksal seines Volkes trug: des Marschalls Chiang-Kai-shek. Es war ein verheißungsvolles Bild: der japanische Arbeiterführer und der chinesische Volks- und Heerführer, die als tragende Pfeiler einer geistigen Brücke dem Strudel des Krieges mit all seinen Grausamkeiten standhielten!

Im Gegensatz auch zu manchen westeuropäischen Materialisten hatte Chiang Kai-shek die dynamische Bedeutung des Christentums viel klarer erkannt. Dies zeigt auch der folgende

Ausschnitt aus einer seiner Radioansprachen: »Wenn ich auf die Zukunft unserer nationalen Revolution blicke und mir über die Ursachen des sittlichen Verfalls in unserm Volke Rechenschaft gebe, drängt sich mir die Überzeugung auf, daß wir uns der allumfassenden Liebe und Opfergesinnung Jesu hingeben müssen, um das chinesische Volk erneuern und die Gesellschaft reformieren zu können. Deshalb halte ich dafür, daß wir auf allen Lebensgebieten, in allen gesellschaftlichen Beziehungen, in der Zivilverwaltung, im militärischen Befehlsbereich, ja überall Nächstenliebe und Friede zu Grundsätzen unseres Handelns machen. Um dies zu erreichen, müssen alle unsere Anhänger zum täglichen Opfer bereit sein. So war Jesus ... Alle meine Glaubensgenossen sollten die Bedeutung der ›Wiedergeburt‹ erkennen. Indem wir Jesus zum Vorbild für unser Leben nehmen, seinen Geist zu unserem Geist, sein Leben zu unserem Leben machen, wollen wir mutig vorwärts schreiten in Richtung auf das Kreuz, damit alle Welt einen dauerhaften Frieden und das chinesische Volk seine Wiedergeburt erfahren kann.«

Als – wie bereits erwähnt – an der Missionskonferenz in Tambaram im Dezember 1938 auch 50 Chinesen und 25 Japaner teilnahmen war das eine Begegnung, die eine tiefe, innere Gemeinschaft von Christen aus beiden miteinander verfeindeten Völkern zum Ausdruck brachte.

Wieder nach Japan zurückgekehrt, setzte Toyohiko Kagawa seine Friedensbemühungen unerschrocken fort. Damit ließ er es aber nicht genug sein. Ihn interessierten jetzt vielmehr die Gründe, die zu einem Krieg führen können, und die Möglichkeiten, dem entgegenzuwirken.

Er glaubte, vier Hauptursachen für kriegerische Auseinandersetzungen gefunden zu haben:

a) Überbevölkerung

Das Hauptproblem bei der Überbevölkerung ist der Mangel an Wohnraum und Nahrungsmitteln. Da weltweit aber genügend Reserven vorhanden sind, müßten diese nur gerecht aufgeteilt werden; denn viele Länder leiden unter Überproduktionen. Wenn die Weltmächte zusammenarbeiten und wie gute Nachbarn die Nahrungsmittel aufteilen, müßte niemand mehr verhungern. Es ist nur die Gier der Menschen, die wegen der knappen und notwendigen Rohstoffe immer wieder Anlaß zu einem Krieg gibt.

b) Rohstoffmangel

Die hochindustrialisierten Länder können ohne die selbsttragende Wirtschaft nicht existieren – und so ergibt sich das Problem der Beschaffung von Rohstoffen. Um die notwendigen Rohstoffe für jedermann zugänglich zu machen, bedarf es eines weltweit rotierenden internationalen genossenschaftlichen Handels, durch den Abkommen getroffen und die Nationen miteinander verbunden werden. Auf diese Art und Weise wird ein wirtschaftliches Gleichgewicht zwischen den Nationen aufgebaut.

c) Internationale Verschuldung und Kredit

Internationale Verschuldungen und Kreditfragen sollten auf ähnliche Weise geregelt werden. Wenn die Nationen der Welt auf einen internationalen genossenschaftlichen Handel eingehen, wird es kein ungünstiges Handelsgleichgewicht mehr geben, sondern dies wird durch eine gegenseitige positive Handelsbilanz ersetzt werden.

d) Wirtschaftspolitik

Ebenso muß die jetzige Wirtschaftspolitik geändert werden, denn sie dient nur dazu, die eigenen Interessen eines Landes zu befriedigen und denen einer anderen Nation zu schaden. Wo ein freier Handel blüht, gibt es Wettbewerb. Wo Protektionismus herrscht, werden hohe Zollbarrikaden errichtet. Wenn wir aber sowohl den freien Handel als auch den Protektionismus abschaffen und einen internationalen cooperativen Handel einführen, werden alle in der Lage sein, einem falschen Wettbewerb und der Ausbeutung durch andere Länder zu widerstehen. Wenn der Geist Jesu in uns wirkt, werden wir unseren

Nachbarn dienen. Dann wird es keine Schwierigkeiten mehr geben im Blick auf Überbevölkerung, Rohstoffmangel und eigensüchtige Wirtschaftspolitik.

Am 25. August 1940 verhaftete das Militär Toyohiko Kagawa und seinen Freund Ōkawa Kiyosumi nach einer Predigt. Die Behörden beschuldigten beide, Antikriegsparolen verbreitet zu haben. Zum anschließenden Verhör fuhr man sie in das Büro der Militärpolizei nach Shibuya. Der unmittelbare Grund für die Verhaftung war höchstwahrscheinlich ein »Offener Brief« Kagawas mit der Überschrift »An unsere chinesischen Brüder«, der in dem von Helen Topping herausgegebenen Magazin »Kagawa Calender« erschienen war.

Außerdem gab es keinen Zweifel über den Verfasser eines Artikels, der in dem von Kagawa herausgegebenen Magazin »Kumo no Hashira« (»Wolkensäule«) abgedruckt worden war. Darin wurden die Leser aufgerufen, alle Demütigungen und Schmähungen zu ertragen und die Ideale des Königreiches Gottes auf Erden nicht zu mißbrauchen, denn »...das ist eine Welt, in der es keinen Teufel gibt und Liebe, Menschlichkeit und Gerechtigkeit regieren. Diese grundlegende Wahrheit dürfen wir nie vergessen.«

Angeblich aus »Mangel an Papier« mußte die Herausgabe von »Kumo no Hashira« und »Shinpen Zakki« plötzlich eingestellt werden. Während der Inhaftierung erlitt Kagawa nach eigenen Angaben keine Mißhandlungen; er konnte vielmehr die Zeit nutzen, um zu beten und im Neuen Testament zu lesen. Doch verlegten die Behörden ihn am 11. September in das Gefängnis von Sugamo. Dort verhörten sie ihn sehr intensiv. Glücklicherweise setzten sich einflußreiche Freunde beim Außenminister Matsuoka Yōsuke für ihn ein, und dieser sprach dann erneut beim Justizministerium vor. Da gegen Kagawa »keine zwingenden Gründe« für eine weitere Inhaftierung vorlagen, setzte man ihn am 13. September wieder auf freien Fuß.

Diese Verhaftung nahm die Zeitschrift »Christian Century«

zum Anlaß, erstmals im Ausland über eine Inhaftierung von Toyohiko Kagawa zu berichten. Der Artikel endete mit einer Warnung an das japanische Militärregime: »...diejenigen, die diesen Diener Gottes verhaften, sollen sich in acht nehmen. Ein inhaftierter Kagawa kann noch stärker sein, als er es in Freiheit ist.«

Für die nächsten sechs Wochen zog Toyohiko Kagawa sich zu einer Erholungspause auf die Teshima-Insel in einem Inlandsee zurück, auf der er ein Tuberkulosezentrum und eine Experimentierfarm gegründet hatte. Anschließend ging er mit Yarita Kenichi auf eine Evangelisationsreise in die Mandschurei. Sein Bewegungsfreiraum war durch die Regierung sehr stark eingegrenzt, aber mutig wandte er sich überall gegen die Ausweitung des Krieges. Aus China zurückgekehrt, bereitete er eine Vortragsreise für April 1941 in Amerika vor.

In über 300 Vorträgen brachte Kagawa in den Vereinigten Staaten seinen tiefen, inneren Wunsch zum Ausdruck, daß Amerika und Japan den Frieden und die Freundschaft bewahren sollten. Dieses Anliegen trug er besonders seinen einflußreichen christlichen Freunden vor, darunter auch Dr. E. Stanley Jones, einem seiner früheren Kommilitonen am Princeton-College. Im Auftrag seines Außenministers suchte er auch Präsident Roosevelt auf, um ihn um Frieden zu bitten. Zur Freude Toyohiko Kagawas beteuerte dieser ihm seine festen Friedensabsichten.

Als Kagawa am 5. September 1941 nach Japan zurückkehrte, sprach er sofort im Parlament und im Oberhaus zu den Abgeordneten: »Ich komme soeben aus Amerika und bin überzeugt, daß das amerikanische Volk den Frieden wünscht.« Selbst Premier Konoe lud ihn wenig später ein, um mit ihm mögliche Lösungen zu besprechen, die einen Krieg mit den Vereinigten Staaten verhindern könnten. Zur späten Stunde des gleichen Abends schickte Kagawa im Glauben an die Worte seines Premierministers ein Telegramm an Dr. Jones und Präsident Roosevelt, wonach die japanische Regierung ein Treffen mit dem amerikanischen Präsidenten wünsche, um über einen

Abbau der Spannungen wegen der Energiequellen zu sprechen. Dr. Jones antwortete sofort und schlug vor, in der ersten Dezemberwoche in Tōkyō und Washington gleichzeitig Mahnwachen für den Frieden abzuhalten.

Während dieser sieben Tage schrieb Toyohiko Kagawa wohl eines seiner am tiefsten gehenden Gedichte:

»Rund um ein Kohlebecken
und auf der kalten Erde
knien wir.
Wir beten um Frieden.
Die Dunkelheit vertieft sich.
Doch tiefer als die Dunkelheit reicht unser Gebet,
unser Gebet hält an.
An den anderen Küsten dieses Ozeans
müssen unsere Brüder im Gebet
auch schmerzvoll harren,
harren der kommenden Morgendämmerung ...
Unsere Gebete wurden nicht erhört ...
Wir sollen den Deckel unseres Sarges
auf dem Rücken tragen
und beten.«

Erschöpft und müde vom vielen Predigen kehrte Toyohiko Kagawa nach Hause zurück. Da mußte er entsetzt den Nachrichten aus dem Radio entnehmen, daß Japan in dieser Nacht vom 7. auf den 8. Dezember 1941 die amerikanische Flotte in Pearl Harbour überfallen hatte. »Ich hatte das Gefühl, daß in der ganzen Welt die Lichter erloschen. Mir brach fast das Herz«, berichtete er später zu diesem Ereignis.

Mit dem Antikominternpakt vom 27. September 1940 hatte Japan die Führung Deutschlands und Italiens bei der Schaffung einer neuen Ordnung in Europa respektiert. Umgekehrt erkannten die Regierungen in Rom und Berlin die Führung Japans bei einer neuen Ordnung in Asien an. Außerdem sicherten sie sich gegenseitig Hilfe zu im Fall eines Angriffes einer Macht, die gegenwärtig nicht in den europäischen oder in den chinesisch-japanischen Krieg verwickelt war. Mit dieser »Macht« konnten nur die Sowjetunion oder die Vereinigten Staaten von Amerika gemeint sein. Da Japan aber am 13. April 1941 einen Nichtangriffs- und Neutralitätspakt mit der Sowjetunion geschlossen hatte, richtete sich der Dreierpakt eindeutig gegen die Vereinigten Staaten.

Auf das tiefste betroffen und von seinem Premier bitter enttäuscht, ließ Toyohiko Kagawa nicht davon ab, weiterhin für den Frieden zu kämpfen, wenn er auch aufgrund seiner pazifistischen Überzeugung und seiner intensiven persönlichen Beziehungen zur amerikanischen Mission und zu kirchlichen Gruppen ständig sehr streng überwacht wurde. Die faschistische Regierung hatte mittlerweile alle seine Bücher verboten, weil die darin vertretenen menschlichen Grundwerte wie Frieden, Pazifismus, Liebe und Gewaltlosigkeit nicht mit den ihren übereinstimmten. Kagawa aber zog sich aus Protest gegen den Krieg und zu seinem eigenen Schutz auf eine Inlandsee-Insel zurück. Hier verbrachte er die nächsten zweieinhalb Jahre, bis eines Tages die Evakuierung dieser Insel bevorstand. Die japanische Marine vermutete, die Amerikaner würden auf dieser Insel landen. Daraufhin siedelte Kagawa in den kleinen Ort Matma über, in dem er einige Jahre zuvor eine blühende Bauernbibelschule errichtet hatte.

Im Mai 1943 verhaftete die Geheimpolizei Kagawa bei einem Treffen mit evangelischen Christen in Kobe, als er über seinen Sozialismus, Pazifismus und Antikriegsglauben sprach. Im November desselben Jahres wurde er erneut festgenommen, weil er bei einem Treffen mit Jugendlichen amtlichen Stellen zufolge »subversive« Ansichten vertreten hatte. Jetzt forderten ihn die Regierungsstellen auch offiziell auf, seine Mitgliedschaft in der Internationalen Anti-Kriegs-Vereinigung und in der Weltfriedensbewegung aufzugeben. Nachdem er dies aber entschieden ablehnte, verstärkte die Polizei seine Überwachung und sprach das ausdrückliche Verbot aus, weiterhin zu Anti-Kriegs-Themen in der Öffentlichkeit Stellung zu beziehen.

Als sich abzuzeichnen begann, daß Japan besiegt werden

würde, denunzierten etliche Monatszeitschriften Kagawa wiederum als Verräter des japanischen Volkes. Für die bevorstehende erste militärische Niederlage in der gesamten Geschichte Japans mußte ein Sündenbock gefunden werden. Plötzlich tauchte das Gerücht auf, wenn Japan besiegt und die Republik ausgerufen sei, würde Toyohiko Kagawa zum ersten Präsidenten ernannt werden! Diese beiden widersprüchlichen Meldungen innerhalb kürzester Zeit zeigen nur allzu deutlich, in welchen geistigen Wirren Japan sich zu dieser Zeit befand.

Erst nachdem das Tojo-Regime im Sommer gestürzt worden war, hob die Regierung die Beschränkungen gegenüber Kagawa teilweise auf. Noch im November erlaubten ihm die Behörden sogar eine Reise durch das besetzte China. Als dann im Frühling 1945 die Industriestädte im amerikanischen Bombenhagel der Erde gleich gemacht wurden, rief Kagawa entsetzt aus, daß dies doch der Barbarei gleiche. Alle seine sozialen Einrichtungen waren zerstört, Schulen und Waisenhäuser zum Teil in Militärdepots umgewandelt worden.

Wie nach dem verheerenden Erdbeben 1923 wandte sich auch jetzt die neue Regierung wieder an ihn und setzte Toyohiko Kagawa als Mitglied des Nationalen Gesundheitsbüros und des Wiederaufbaukomitees ein. Wegen seiner langjährigen Erfahrungen zur Linderung menschlicher Not war er aus dem sozialen Betätigungsfeld einfach nicht mehr wegzudenken.

Der andauernde Krieg forderte immer größere Opfer. Wie in den Jahren 1274 und 1281 hofften die Japaner verzweifelt auf »göttliche Hilfe«[19]. Im festen Glauben an die göttliche Sendung ihres Tennos gingen Tausende von Kamikaze-Fliegern[20] für ihn in den Tod. Erst die Abwürfe der ersten Atombomben auf Hiroshima und Nagasaki am 6. und 9. August 1945 ließen Japan kapitulieren, nachdem noch am 3. August die Sowjetunion dem Kaiserreich den Krieg erklärt hatte. Als Kagawa von dem Einsatz der schrecklichen Waffe auf die beiden japanischen Städte hörte, rief er entsetzt aus: »Gott hat nie gewollt, daß die Atome in solch einer Weise eingesetzt würden.«

Nach der Zerstörung wollte Toyohiko Kagawa sich voll dem

Wiederaufbau widmen und den Menschen in Not helfen. Da traten plötzlich mehrere ihm ergebene Beamte des Wohlfahrtsamtes warnend an ihn heran und erklärten, daß das Militär beabsichtigte, ihn hinrichten zu lassen. So floh er zusammen mit einem Freund aus Tōkyō in die etwa 250 km nördlich gelegenen Wälder der Provinz Tochigi; denn in jener Zeit herrschte in Japan nahezu Willkür. Viele fürchteten sich vor ihrer Verhaftung oder Ermordung und flohen daher in entlegene Dörfer, um sich dem öffentlichen Zugriff zu entziehen.

Von der Außenwelt völlig abgeschnitten, nahmen viele Untergetauchte überhaupt nicht die allererste Radioansprache des Tenno am 15. August 1945 wahr, in der er die Kapitulation Japans bekanntgab. Wegen atmosphärischer Störungen war seine kreischende Stimme nur schwer verständlich: »Wir haben Amerika und Großbritannien aus unserem ernsten Wunsch nach Japans Selbsterhaltung und der Stabilität Ostasiens den Krieg erklärt. Doch war es weder unsere Absicht, die Souveränität anderer Länder zu verletzen noch unser Reich territorial zu vergrößern. Inzwischen hat der Krieg fast vier Jahre gedauert. Trotz dem Besten, das jeder von uns versucht hat..., hat sich der Krieg nicht zum Vorteil für Japan entwickelt. Auch hat der Feind damit begonnen, eine neue und höchst grausame Waffe einzusetzen...«

Toyohiko Kagawa besaß keinerlei Informationen über das momentane politische Geschehen in Tōkyō, als er fünf Monate in den dichten Wäldern lebte. Von seinem treuen Begleiter wissen wir, daß er in dieser für ihn so schwierigen Zeit fortwährend betete, daß die Liebe Gottes Japan erhalten bleibe. Er betete für die zahllosen Menschen, deren Häuser zerbombt waren und die nun mittellos umherzogen. Noch konnte er nichts von all dem Elend in den Städten ahnen. Der Schwarzmarkt blühte. Viele Menschen nahmen sich das Leben, indem sie Spiritus tranken.

Durch Unterernährung war Kagawa wieder einmal fast dem Tode nahe, als ihn die Schmerzen aus dem schützenden Wald trieben und er in Setagaya einen Arzt aufsuchte. Dort erfuhr er von Geheimboten, daß die neue Regierung nach ihm suchen ließ, weil sie ihn für den Wiederaufbau brauchte. Daraufhin eilte er unverzüglich nach Tōkyō und traf am 26. August mit Prinz Higashi-Kuni, einem Onkel des Tenno, zusammen, der neun Tage zuvor das Suzuki-Kabinett abgelöst hatte. Bei diesem ersten Treffen drückte der Prinz seine große Sorge aus, daß fanatische Einzelgänger die Erfüllung des Potsdamer Abkommens gefährden könnten. Er war auch um das moralische Vakuum sehr besorgt, in das sein Land gegen Ende des Krieges gestürzt war. »Dr. Kagawa, Japan ist zerstört worden, nicht weil wir ein unfähiges Heer hatten, sondern weil wir die Grundlage der Moral preisgegeben und uns in einen bösen Krieg eingelassen haben. Wir brauchen einen neuen ethischen Standpunkt, wie ihn Jesus Christus vertritt. Weder der Buddhismus noch der Shintoismus können uns lehren, unseren Feinden zu vergeben. Daher, Dr. Kagawa, brauchen wir, wenn Japan zu neuem Leben erwachen soll, die Botschaft von Jesus Christus als Grundlage für unsere nationale Erneuerung. Ich brauche Sie, damit Sie mir helfen, die Liebe Jesu Christi in die Herzen des Volkes zu pflanzen.«

Nachdem durch den japanischen Außenminister Shigemitsu und Generalstabschef Umezu auf dem amerikanischen Schlachtschiff »Missouri« im Hafen von Yokosuka die Kapitulationsurkunde unterzeichnet worden war, ging General MacArthur am 2. September 1945 an Land und schlug sein Hauptquartier im dortigen Zollhaus auf. Die Minister des Kabinetts zögerten noch, ihn aufzusuchen und um die dringend benötigten Lebensmittel zu bitten. Sie schickten zunächst Toyohiko Kagawa zu ihm, der sich seiner schweren Aufgabe in der momentanen politischen Lage vollends bewußt war. Ihm war klar, daß es in Japan sehr schnell zu einem blutigen Aufstand kommen konnte wegen der Nahrungsmittelrationierungen, einer schwachen Regierung, schlechter Moral und zu guter Letzt wegen der ersten militärischen Niederlage Japans in einem Krieg. Genau das Zusammentreffen dieser Faktoren hatte vor 28 Jahren die blutige Revolution in Rußland ausgelöst.

Ebenso war es 1918 Deutschland, Österreich und der Türkei ergangen. Sollte nun Japan folgen?

Aus der Not heraus und um Japan dieses traurige Kapitel in seiner Geschichte zu ersparen, hatte Kagawa bereits am 30. August einen »Offenen Brief« an General MacArthur geschrieben: »Es ist leichter, einem besiegten Land, statt es zu quälen, die helfende Hand zu reichen und es aufzufordern, mitzugehen auf dem Weg zu einer neuen Weltordnung. Japan beugt sich dem kaiserlichen Erlaß und ist bereit, als Mitglied der Völkerfamilie den neuen Weg zu beschreiten. Schwingen Sie nicht die Peitsche, Exzellenz, sondern helfen Sie den Japanern, ihre Eigenart voll zu entwickeln, damit sie sich mit ganzer Kraft am Aufbau einer neuen Kultur und einer neuen Welt beteiligen können.«

Einige Tage später ging Kagawa allein zu den Siegern, um Nahrungsmittel zu erbitten. Doch General MacArthur traf er nicht an, dafür aber fünf seiner Generäle. Durch General Bonner Fellers ließ ihm General MacArthur ausrichten, Japan werde Nahrungsmittel und Bauholz erhalten. Toyohiko Kagawa berichtete dem Prinzen von seiner Unterredung. Alle Zeitungen veröffentlichten am folgenden Tag die amerikanische Zusage. Die öffentliche Erregung nahm sofort ab. Es kam zu keinen Handgreiflichkeiten zwischen Japanern und Amerikanern.

Am 17. September 1945 suchte Kaiser Hirohito General MacArthur auf und lud in einer wohl kalkulierten Demutsgeste die Schuld des Krieges allein auf sich: »Ich komme zu Ihnen, um mich dem Urteil der alliierten Mächte zu stellen, die Sie vertreten. Ich trage die Alleinverantwortung für jede politische und militärische Aktion, die von meinem Volk im Laufe des Krieges durchgeführt wurde.«

Bei einem erneuten Treffen mit Kagawa bot Prinz Higashi-Kuni ihm den Ministerposten für Ethik und Kultur in seinem neu zu bildenden Kabinett an. Doch Toyohiko Kagawa blieb seinen Grundsätzen treu, niemals ein politisches Amt zu übernehmen, sprach aber gegenüber dem neuen Premier die Bitte aus, alle christlichen Pfarrer sofort aus den Gefängnissen zu entlassen. Prinz Higashi-Kuni erfüllte diesen Wunsch. Kagawa sicherte ihm im Gegenzug zu, dem neuen Kabinett in allen religiösen, ethischen und sozialen Fragen als Berater zur Verfügung zu stehen.

Toyohiko Kagawa stellte sich in Tōkyō wieder seinen Aufgaben und versuchte, den notleidenden Menschen so gut wie möglich zu helfen. Er bemühte sich, die im Ausland lebenden Japaner zurückzuführen und die schlechte Ernährungslage sowie die ärztliche Versorgung zu verbessern. Predigend zog er durch die Straßen und forderte Vollbeschäftigung. So wirkte er auch der schlechten öffentlichen Moral entgegen.

Neben diesen Aufgaben baute er mit Unterstützung von Abe Isoo, Katayama Tetsu, Sugiyama Motojirō und anderen die im Krieg verboten gewesene Sozialistische Partei Japans wieder auf.

Im Oktober berief man ihn in eine Kommission zum Wiederaufbau des Parlaments. Als das Higashi-Kuni-Kabinett zusammenbrach, tauchte Kagawas Name unter den drei möglichen Nachfolgern für das Präsidentenamt auf. Während einer Unterredung hinter verschlossenen Türen verzichtete Kagawa zugunsten des berühmten Diplomaten Shidehara Kijūro auf dieses Amt. Viel mehr nutzte er die Zeit, um dem Volk von der Liebe Jesu zu predigen, denn dafür war es jetzt so aufgeschlossen wie nie zuvor.

Als nach dem Krieg die ersten Abgesandten der Riverside-Gemeinschaft der amerikanischen Kirchen unter Leitung von Dr. Stones in Tōkyō eintrafen, um mit ihren japanischen Glaubensbrüdern Fühlung aufzunehmen, wurden sie von Vertretern der japanischen Kirche unter der Leitung von Toyohiko Kagawa auf dem Flugplatz empfangen. Schweigend begrüßten sie einander und gingen dann, ohne ein Wort gewechselt zu haben, in eine nahe gelegene Kapelle, um gemeinsam das Abendmahl zu feiern: Gott sollte sprechen, bevor sie selber, Christen zweier ehemals feindlicher Völker, miteinander redeten. Erst als sie Gottes Vergebung erbeten hatten, gab Kagawa den Amerikanern einen Bericht über das Schicksal der japanischen Christen während des Krieges.

Japan trat in eine neue Ära ein. Militarismus und Diktatur wichen jetzt den neuen Leitbildern Frieden und Demokratie. Kagawa war schon immer für diese Prinzipien eingetreten, so daß der einst von Geheimpolizei beschattete und gefürchtete Demagoge zum Führer erkoren wurde, der den weiteren Weg weisen sollte.

In seiner Neujahrsansprache erklärte der Tenno 1946 seinem Volk, daß er kein Gott sei und fortan friedvoll regieren wolle. Er rief Toyohiko Kagawa zu sich – wie bereits erwähnt – und bat ihn um dessen Unterstützung beim Aufbau des neuen Staates. Vor der kaiserlichen Familie und dem Adel Japans wies Kagawa darauf hin, daß das japanische Volk sich von Grund auf ändern und seinen kriegerischen Geist ablegen müsse. Der Kaiser selbst solle als Vorbild hierfür dienen. »Nur wer anderen dient, kann dem Lande Eintracht und Frieden bringen.«

Am Jahrestag des Atombombenabwurfs auf Hiroshima eilten Tausende von Japanern an die Umfriedung des kaiserlichen Palastes in Tōkyō, um sich an der kilometerlangen Mauer zu kasteien. Sie beteten zu ihrem Kaiser, der trotz seiner Rede vom 1. Januar 1946 für sie immer noch eine Gottheit war:

»O Gott und Kaiser, Quell unserer Kraft, der du unsere Gebete, unsere Klage hörst, verzeihe uns Minderen und Zaghaften, daß wir in unserer Gesamtheit nicht die Kraft hatten, jenem grausigen Ansturm des Ostens und Westens standzuhalten. O vergib uns, daß wir uns so erniedrigt haben, unter dem Atomhagel von Hiroshima und Nagasaki zu verstummen und den Kampf aufzugeben, den wir für dich, Gott und Kaiser, bis zum siegreichen Ende hätten durchfechten müssen! Wir wissen um unsere Schuld, wir verehrten dich nicht genug. Jeder einzelne, der hier bittet und betet, kennt seine Schwachheit, denn sonst wäre er schon zu den Ahnen versammelt worden; jeder weint aber deshalb vor dir und weiht sein anzuklagendes Leben in irdischer Traurigkeit dir. O, Gott und Kaiser, du Herrscher über ein geschlagenes Volk, das kraftlos versagte und deiner Kraft nicht vertraute, sich durch geschautes Grauen – wie heute vor einem Jahr! – entmutigen ließ, o, du Herrscher unserer heiligen Insel, vergib, vergib, vergib! Wir loben dich und schenken dir Herz und Leib, opfern Gut und Geld, wenn du nur Herr bleibst und uns nicht verläßt.«

Hunderte, Tausende glaubten in der Schuld des Tenno zu stehen und entleibten sich in dieser Nacht vom 5. auf den 6. August 1946.

Im frühen Morgengrauen eilte Toyohiko Kagawa von Kobe nach Hiroshima, um zu den überlebenden Christen in einer überfüllten Kapelle zu sprechen, die noch deutliche Spuren der Zerstörung trug:

»Wir Christen von Hiroshima sind hier im Gedenken an die Unsrigen versammelt, die vor einem Jahr unvermutet abgerufen worden sind. Wir stehen inmitten der Ruinen einer Kirche und erklären in der heiligen Gegenwart Gottes, vor den Christen Japans und der ganzen Welt:

Wir tun Buße dafür, daß wir den Krieg und seine furchtbaren Folgen nicht abwenden konnten.

Wir glauben die Lehre Jesu, daß Gott unser Vater, die Menschen seine Kinder und wir alle Brüder sind.

Wir bitten von ganzem Herzen um Stärkung unseres Glaubens, damit wir treu bis in den Tod bleiben können.

Wir leiden Not an Nahrung, Kleidung und Wohnung. Aber wir glauben, daß die einzige Möglichkeit zur Überwindung dieser Schwierigkeiten in der brüderlichen Liebe zum Nächsten liegt. Wir bitten um Gottes Beistand zur Erfüllung dieser Aufgabe.

Wir sind fest überzeugt, daß nur der Glaube an Jesus die Menschen retten kann; nur so können diese Stadt und unser Land wieder aufgebaut werden. Wir verpflichten uns, für die Ausbreitung des Evangeliums in Wort und Tat zu arbeiten.

Wir bitten unsere Brüder in Japan und in der ganzen Welt, unser im Gebet zu gedenken.«

Am gleichen Tag erschien in den Vereinigten Staaten ein »Offener Brief«, der an Kagawa gerichtet war. Das Chicagoer

Wochenblatt »Christian Century« wies in einem Artikel darauf hin, daß die amerikanischen Christen sich immer gegen die Verwendung von Atombomben ausgesprochen hätten. Wörtlich heißt es: »Wir haben uns gegen Gottes Gebot und gegen das japanische Volk fürchterlich vergangen.« Ferner wird über vergebliche Bemühungen der amerikanischen Kirchen berichtet, den Einsatz von Atomwaffen zu verhindern. »Wir waren so stolz auf den Fortschritt unserer Wissenschaft, müssen jetzt aber einsehen, daß sie ohne Unterordnung unter das Sittengesetz zur Vernichtung führt. Unser militärischer Ruhm wird durch eine Kraft verdunkelt, die wir selbst entfesselt haben und gegen die es keine Abwehr gibt.« Der Artikel schließt mit den Worten: »Wir erklären, daß wir die Bombardierung von Hiroshima und Nagasaki zutiefst bereuen. Die Erinnerung an dieses Ereignis erfüllt uns mit Scham. Solange Atomwaffen hergestellt werden, haben wir jedoch kein Recht zu glauben, daß eine solche einzeln dastehende Erklärung das kommende Gericht abwenden wird. Unser Gewissen ist sehr belastet, und wir bitten, uns zu vergeben!«

Als Kagawa von einem in Hiroshima weilenden amerikanischen Zeitungsreporter gefragt wurde: »Sollen wir Geld senden, um die zerstörten Kirchen wieder aufzubauen?«, antwortete er: »Beten Sie, daß zuerst durch Reue und Buße Erneuerung geschieht, dann kommen die Kirchen von selbst. Das Geld aber senden Sie lieber zum Wohnungsbau. Zehn Millionen Menschen sind obdachlos. Zur Not kann man in Wohnungen Gottesdienste halten, aber nicht zehn Millionen Menschen in fünfhundert Kirchen unterbringen. Die Zukunft des Christentums in Japan hängt von uns Christen ab. Es wird mehr als Predigen nötig sein, um das Volk zu gewinnen. Wir müssen um seine Wohlfahrt bemüht sein, die Nackten kleiden, die Hungernden nähren und den Heimatlosen Obdach bieten. Betet für uns, daß unsere Kraft, durch Gott, wenigstens teilweise dieser schweren Aufgabe gewachsen ist!«

Kagawas Haltung als Sozialist und Pazifist änderte sich auch nach dem Krieg nicht. Er verkündete seinem Volk weiterhin die

Liebe des Gekreuzigten in Wort und Tat. Er half denen, über die der Krieg Leid und Not gebracht hatte, kaufte für seine aus dem Ausland heimkehrenden Landsleute Siedlungsgelände und ließ in allen Teilen Japans Musterdörfer errichten. Eines freilich tat er diesmal nicht: Er bekannte sich nicht öffentlich zu der Schuld, die sein Volk seit dem Tag von Pearl Harbour auf sich geladen hatte, wie er es bei den Überfällen auf China und die Mandschurei getan hatte. Dies sollte erst viele Jahre später erfolgen. Der Krieg gegen die Westmächte erschien ihm zunächst als ein Kampf zur Befreiung ganz Asiens von den Fesseln des abendländischen Kapitalismus und Imperialismus.

Toyohiko Kagawa war kein Opfer japanischer Propaganda geworden. Er handelte dabei nach seiner ehrlichen Überzeugung. Zu fragen bleibt allerdings, ob er sich anders entschieden hätte, wenn er die wahren Hintergründe dieses Krieges erfahren hätte. Seine Haltung ist jedoch von amerikanischer Seite verstanden und geachtet worden, wie es ein Artikel aus dem in New York erscheinenden Magazin »Religiöser Nachrichtendienst« vom März 1946 beweist. »Kagawa entschied sich nicht für das Märtyrertum. Zwei Wege standen ihm offen: sich dem Krieg zu widersetzen und als Märtyrer unterzugehen oder aber so wenig wie möglich nachzugeben und am Leben zu bleiben, um die Lasten seines Volkes zu tragen.«

Kagawa entschied sich für den zweiten Weg. Das Magazin wirft aber der Kirche Japans vor, während des ganzen Krieges keine Menschen hervorgebracht zu haben, die einen bis zum äußersten entschlossenen Widerstand geleistet hätten. Pazifismus, der vor der eigenen Tür halt macht, treffe den Krieg nicht ins Herz. Sie alle hätten wohl den Krieg kritisiert, aber so getan, als handle es sich nur um ein nicht ernst zu nehmendes Unterfangen des Feindes.

Auf diese schweren Vorwürfe antwortete Kagawa: »Die Kirche in Japan ist noch zu schwach; sie wurde fast immer von der Regierung unterdrückt. Wäre sie in ihrem Widerstand weitergegangen, dann wäre sie ausgelöscht worden wie um das Jahr 1600...« In seinen weiteren Ausführungen hielt er an seiner

Überzeugung fest, daß die Herrschaft Amerikas über den Fernen Osten keinen Frieden bringen wird.

Nach dem Zusammenbruch hatte er folgende Erklärung abgegeben: »Japan hat sich bedingungslos ergeben. Ich bin darüber nicht froh, daß Japan besiegt wurde. Andererseits wäre ich auch nicht glücklich, wenn es den Krieg gewonnen hätte. Ich bin nach China gegangen, um das chinesische Volk um Vergebung zu bitten. Die sittliche Entartung des japanischen Volkes hat ein erschreckendes Ausmaß angenommen. Hätten wir den Krieg gewonnen, dann hätte diese Entartung, so glaube ich, ganz Asien in die schlimmste Verderbtheit hineingerissen. Wenn man es so ansieht, hat es einen Sinn, daß Japan den Krieg verloren hat..«

Toyohiko Kagawa hatte an der neuen Ausarbeitung der Verfassung mitgearbeitet, die am 3. Mai 1947 in Kraft trat. Hier soll im folgenden besonders der Artikel 9 herausgestellt werden, der den Krieg ächtet: »In aufrichtigem Streben nach einem auf Gerechtigkeit und Ordnung gegründeten internationalen Frieden verzichtet das japanische Volk für alle Zeiten auf den Krieg als ein souveränes Recht der Nationen und auf die Androhung oder Ausübung von Gewalt als Mittel zur Beilegung internationaler Streitigkeiten.

Um dieses Ziel zu erreichen, werden keine Land-, See- und Luftstreitkräfte oder sonstige Kriegsmittel unterhalten. Ein Recht des Staates zur Kriegsführung wird nicht anerkannt.«

Dies war sicher im Sinne von Kagawa, denn er hatte richtig erkannt, daß nach den Abwürfen der Atombomben auf Hiroshima und Nagasaki ein neues Zeitalter angebrochen war. »Deshalb ist es unbedeutend ob wir uns im Atomzeitalter befinden und eine schlechtausgerüstete Armee, eine schlechtausgerüstete Marine oder eine schlechtausgerüstete Luftwaffe besitzen. Es ist viel besser, mit der Liebe Jesu Christi bewaffnet zu sein.«

Bis zu seinem Tod hatte Toyohiko Kagawa die Schrecken des Zweiten Weltkrieges vor Augen. Die vielen Millionen Toten ließen ihn immer noch erschaudern. »Unter den fleischfressenden Tieren hat der Leopard den Ruf, den schlechtesten Charakter zu haben; aber selbst in seinem Wesen liegt es nicht, 12 Millionen menschliche Wesen zu töten und dazu noch weitere 20 Millionen zu verwunden – und das in einer so kurzen Zeitspanne von vier Jahren und acht Monaten.«

So war es im Sinne Toyohiko Kagawas, daß das gesamte Budget, das früher einmal für die Aufrüstung notwendig war, nun der Erziehung zugute kam. Jetzt konnte mit der Verwirklichung einer Friedenspolitik von der Basis her begonnen werden. Die Schulpflicht wurde von sechs auf neun Jahre angehoben. Kagawa organisierte eine Kommission, deren Vorsitz er selbst führte, die alle öffentlichen Schulbücher durchsah und darin die Seiten verbannte, die den Krieg verherrlichten.

Toyohiko Kagawa half auch mit, eine internationale Friedensorganisation zu gründen, die eine von ihm finanzierte monatliche Zeitschrift mit dem Titel »Weltstaat« herausgab. Kagawa hatte die Vorstellung, daß sich nach den Schrecken des Zweiten Weltkrieges alle Staaten der Erde zusammenschließen und von einer einzigen Regierung lenken lassen würden; denn dann wären alle Waffen auf Erden sinnlos. Als Beispiel hierfür nannte er die Vereinigten Staaten mit damals 48 Bundesstaaten, die alle zentral aus Washington regiert würden. Er betonte immer wieder, daß die UN die Aufgabe für den »Weltstaat« übernehmen müßte und dieses Vorhaben auch durchführbar sei, wenn wir alle Jesus Christus folgen und die von ihm gelehrte Bruderliebe praktisch anwenden würden.

Die Union der Weltregierung trat an Kagawa heran und bat ihn, das Amt des Vizepräsidenten zu übernehmen. Sofort sagte er zu, denn sein Freund Yukio Ozaki war deren Präsident. Kagawa hoffte, seine Vorstellungen vom Reich Gottes auf Erden auch dadurch in die Tat umsetzen zu können. Da er ebenso Mitglied der Japanischen Parlamentarischen Kommission für den Weltverband war, warb er unermüdlich unter den Regierungsmitgliedern für deren Eintritt in diese Organisation. Bis zu seinem Tod gelang es ihm, fast 30 % des Repräsentantenhauses für die Bewegung zu gewinnen, darunter durch so bedeutende Persönlichkeiten wie Shigeru Yoshida (Premierminister), Kijuro Shidehara (Sprecher des Repräsentantenhauses), Naotake Sato (Präsident des Oberhauses) und Kotaro Tanaka (Bundesrichter am Gerichtshof).

Er bekannte: »Viele Dinge werden in Bewegung gebracht durch Aufruhr und Streit. Ich für meine Person kann mich nicht davon überzeugen lassen, daß es so sein muß. Das Leben, das mich am stärksten ergreift, ist ein Leben, das so viel Überfluß an Liebe besitzt, daß es selbst seinen Feinden vergibt. Wenn ich erlebe, daß ein Bourgeois, dessen ganze Haltung falsch ist, seinen Fehler einsieht, und daß ein Proletarier so voller Liebe ist, daß er das Versagen der Bourgeoisie gutmacht, als wäre es sein eigenes, dann kann ich mich kaum der Tränen erwehren.

Nun werden wohl viele sagen: ›Kann solche Torheit möglich sein?‹ Ja, es gab einen mit einer solchen großen Seele auf dieser unserer Erde. Sein Name hieß ›Wunderbar‹. Es war Jesus, der Sohn eines Zimmermanns und selbst ein Zimmermann. Ihm folge ich nach auf dem Weg, der zur Erlösung ins Leben führt. Liebe ist stärker als der Tod.«

Kagawas christliche Botschaft

Kagawas Theologie ist für uns ohne den Hintergrund seiner buddhistischen Erziehung nur schwer verständlich. Vieles von dem, was er zum christlichen Glauben sagt, wird aus japanischer Sicht anders beurteilt, als wir es verstehen. Das sollten wir berücksichtigen, wenn wir in dem folgenden Kapitel Aussagen und Akzentuierungen finden, die wir so nicht geben würden.

Wie Kagawa das Christentum einordnet, zeigt folgendes Bild: »Man sagt vielleicht: Obwohl viele Wege bergan führen, erblicken wir vom Berg alle den gleichen Mond. Deshalb sehen wir nicht ein, warum Jesus Christus unser einziger Führer sein soll. Buddhismus, Omoto, Tenri (Shintosekten. A. d. V.) oder der Islam, alle diese Religionen enthalten etwas Wahres. Doch machen einige an der sechsten Raststation am Berghang Halt, einige schon an der vierten, und einige werden müde und rasten, ehe sie noch am ersten Rastplatz vorüber sind. Manche rasten auf dem zweiten, und manche erreichen nur den dritten. Der Buddhismus mag uns bis zum neunten Rastplatz bringen, aber weil er dort Rast macht, wählte ich nicht den Buddhismus, sondern das Christentum, denn ich wollte bis zum Gipfel kommen.«

Das Leben eines jeden Japaners beginnt mit dem Ritus seiner Aufnahme in den Shinto-Schrein, verläuft dann nach den konfuzianischen Sittenregeln und endet bei seiner Beerdigung mit einer buddhistischen Zeremonie.

Auf Anordnung seiner Adoptivmutter wurde Kagawa im Knabenalter mit dem Gedankengut von Buddha und Konfuzius vertraut gemacht. Der Buddhismus lehrte ihn, alles Irdische gering zu schätzen. Der Konfuzianismus mit seinen fünf sozialen Beziehungen zeigte den Weg, sich über andere zu erheben. Millionen von Naturgöttern hatte er nach der Lehre des Shinto gedient. Doch je länger Toyohiko den Buddhismus und den Konfuzianismus studierte, um so deutlicher erkannte er, daß diese beiden Religionen sich im Nirwana erschöpfen. Er selbst schrieb einmal: »Mein Vater glaubte an K'ung-tse. Es gab in meinem Elternhaus auch Buddhismus und Shinto; aber es fehlte die Reinheit. Man schickte mich in einen buddhistischen Tempel, damit ich als Knabe die konfuzianischen Lehren auswendig lernte; aber ich las die Bücher nur mit Furcht. Denn ich dachte daran, wenn ich erwachsen bin, würde ich wohl den Fußstapfen meines Vaters und Bruders folgen. ›Sei ein Heiliger! Sei ein Edler!‹ riefen die Bücher immerfort. Aber in meiner Nähe lebten weder ein Heiliger noch ein Edler, die mir für mein Leben hätten Vorbild sein können.«

In seinen Studien der heimatlichen Religionen konnte Kagawa die befreiende göttliche Wahrheit, nach der er so lange suchte, nicht finden. Wie viele andere seiner Zeitgenossen setzte er sich sehr intensiv mit der Kultur und dem Wissen des Abendlandes auseinander. Eines Tages glaubte Toyohiko klar zu erkennen: »Ich merkte, daß die Lehren K'ung-tses und Buddhas nicht auf Gottesglauben gegründet sind. Sokrates kommt auch nicht an Gott heran und Platon ebenfalls nicht. Jesu Reden dagegen sind voller Wunder der Liebe Gottes. Mehr noch: Er zeigt uns, wie wir die Kraft bekommen, diese Liebe zu verwirklichen ... Das war für mich eine neue Erfahrung. Ich war durch das Tal der Einsamkeit gegangen und ein Kind der Tränen. Jetzt hatte sich die Wolke verzogen; Sonnenstrahlen brachen strahlend durch. So kam es, daß ich aufzuleben begann – dem Kreuz entgegen.« – »Ich mag den Buddhismus und den Konfuzianismus leiden; aber mir wurde klar, daß ich in meinem Leben nur dann Frieden haben würde, wenn ich an Christus glaubte, und darum ergriff ich Christus als meinen Heiland.«

Kagawas Leben wurde ein flammender Protest gegen den oft erhobenen Vorwurf, das Christentum mit seiner Sünderliebe, mit seinen Bemühungen um Arme, Kranke und Schwache sei ein die Volkskraft schwächender Glaube. Aber hatte Toyohiko Kagawa nicht doch recht, wenn er sagte: »Gott wohnt unter den Geringsten der Menschen; er sitzt im Staub unter den Strafgefangenen. Er drängt sich unter die Bettler zur Almosenverteilung. Er ist unter den Kranken. Er steht in der Reihe der Arbeitslosen vor dem Büro des Arbeitsamtes. Daher möge der,

der Gott begegnen möchte, die Gefängniszelle besuchen, ehe er in den Tempel geht. Laß ihn ins Hospital gehen, ehe er die Kirche aufsucht; ehe er in der Bibel liest, möge er Notleidenden helfen... Hilft er dem Bettler nicht, der vor seiner Tür steht, und schwelgt derweil im Bibellesen, dann besteht die Gefahr, daß Gott, der unter den Geringsten lebt, unterdessen anderswo hingehen wird. Wahrlich, wer die Arbeitslosen vergißt, vergißt Gott.«

An anderer Stelle schreibt er: »Göttliche Offenbarung bedeutet den Eintritt der Wahrheit in die Tiefe des Lebens... Wenn die Wahrheit das Webmuster des Lebens durchdringt, dann ist Gott die richtunggebende Kraft des Menschen und der Geist, der ihn auf allen seinen Wegen führt. Daher wird derjenige, der nach göttlicher Offenbarung sucht, Gott nicht durch theoretisches Nachdenken finden. Zu allererst laß ihn versuchen, Werte zu schaffen. Laß ihn die Unterdrückten befreien, die speisen, die Mangel haben, den Blinden ihr Augenlicht wiedergeben, Mittel und Wege finden, den Armen zu helfen. Dann wird er fähig sein, göttliche Offenbarung täglich zu schauen. Dies ist Wahrheit. Nur die Befreiten sehen Gott täglich. Gott verleiht ihnen Eingebungen. Sie stehen in seiner Gegenwart. Während die Religiösen des Studierzimmers durch Denken nach göttlicher Offenbarung streben, offenbart sich Gott mitten im Leben selbst. Die göttliche Offenbarung ist nicht zu Ende. Falsche Gelehrte und falsche Religionslehrer setzen sie außer Kraft.« – »Christus war Zimmermann, kein Doktor der Jerusalemer theologischen Fakultät. Franz von Assisi wollte gern ein Ritter werden und wäre es fast auch geworden. Auch er kam nicht vom Priestertum her. Wird der Glaube berufsmäßigen Führern überlassen, so beginnt unvermeidlich sein Verfall.«

Als Toyohiko Kagawa sich dem Christentum tiefer zuwandte, wurde ihm bewußt, daß er nur dann ein Nachfolger Jesu sein kann, wenn er sein Leben ganz unter die Worte Gustav Werners stellte: »Was nicht zur Tat wird, hat keinen Sinn.«

Kagawa sagt: »Liebe kennt alle Dinge. Die Liebe kennt Kummer. Die Liebe kennt das Lachen. Die Liebe kennt Ausdauer. Die Liebe kennt die Tat. Die Liebe kennt Wachstum. Die Liebe kennt das Wagnis. Die Liebe kennt die Verehrung. Sie kennt auch den Stolz. Die Liebe kennt den Großmut, deshalb kommt die Liebe der Allwissenheit nahe.«

»Liebe ist immer lebendig. Die Liebe sättigt, die Liebe durchdringt, die Liebe umschließt alles. Die Liebe ist nachgiebig und anschmiegsam. Die Liebe ist die letzte Wirklichkeit.«

»Die Verteilung des Reichtums geht mich gar nichts an. Wenn wir Leben und Arbeit haben und wir selber sein können, dann kommen diese Dinge erst an zweiter Stelle. Liebe ist die Grundlage der Gesellschaft.«

Die Erhörung seiner Bitte: »Herr, laß mich ein Nachfolger Christi werden!« führte Kagawa zu Beginn seiner Arbeit in das Elendsviertel von Kobe. In dem Augenblick, in dem er sie entschlossen aufnahm, stand er auch an der Straßenecke der Slums und rief den Verkommensten unter den Verkommenen zu: »Gott ist die Liebe! Er liebt auch dich!«

Sowohl die dienende Liebe als auch die Wortverkündigung waren bei ihm stets eins. Das Wirken der beiden katholischen Heiligen Franziskus von Assisi und Dominikus galt ihm als Vorbild. Ebenso diente ihm das zitierte Wort von Gustav Werner als Richtschnur. Mehrfach erhob er seine Stimme gegen die Theologen, die es bei einer reinen Kanzelreligion beließen: »Es gibt nicht wenige Theologen, Prediger und religiöse Führer, die der Meinung sind, das Wichtigste im Christentum sei, Christus in Formen und Dogmen zu fassen. Sie sehen mit Geringschätzung auf solche, die tatsächlich Christus folgen und sich abmühen und plagen, ihm aus reiner Liebe und Leidenschaft zu dienen. Für sie ist die Definition der Wahrheit eine viel größere Aufgabe als die Befreiung der entrechteten Massen. Sie sehen in der Kanzelreligion einen viel höheren Wert als in den Bewegungen, die sich die Verwirklichung der Bruderliebe unter den Menschen zur Aufgabe machen. So kommt es, daß Religion schal, wie eine leere, abgeworfene Schale wird. Die Religion dagegen, die Jesus brachte, war dieser Art Religion geradezu entgegengesetzt. Er gab keine großartige Definitionen über Gott, er lehrte die wirkliche Umsetzung der Liebe.«

So war die erlösende Liebe Jesu ein Kern der Botschaft Kagawas. Allein aus ihr heraus versuchte er, Christus zu verstehen. Noch einmal soll hier seine Vorstellung von der Liebe wiedergegeben werden: »Liebe allein bringt Gott zu mir. Wo Liebe ist, da ist Gott. In der Liebe gibt es keine Sekten, Buddhisten, Mohammedaner, Christen – dies sind nicht Abgrenzungen der Liebe.«

»Liebe ist die höchste Religion. Ordnet mich nicht nach einem Glaubensbekenntnis ein. Ich gehöre zu nichts anderem als zu der Liebe. Jesus lehrte, daß es so sein soll. Liebe ist die höchste (abschließende) Offenbarung.« – »Ich weiß, daß Gott allein in Liebe verehrt werden muß.« – »Alle Formen sind nur äußeres Gewand. Tempel, Schreine, Kirchen, Glaubensbekenntnisse, Taufe, das Heilige Abendmahl, die Schrift, die Gesänge – sie alle kreisen um Liebe. Sie sind nicht Gott. Aber sie führen zu ihm. Liebe allein ist Erlösung.« – »Liebe ist das wahre Sein Gottes... Wo Liebe ist, da ist Gott. Liebe ist mein ein und alles.«

Alle von Kagawa geschaffenen Wohlfahrtseinrichtungen für Arbeiter und Bauern waren keine sozialen Einrichtungen gewöhnlicher Art, sondern Ausdruck dafür, daß er mit der am Kreuz offenbar gewordenen Liebe Gottes ganz Ernst machte – einer »Liebesbewegung«, als deren Vorbilder er einmal Aquila und Priscilla (Apostelgeschichte 18) genannt hatte, »die 1. ihr Leben hingaben, 2. ihr Haus öffneten und 3. ihre tägliche Arbeit heiligten«. Der Aufsatz, der diese Zeilen enthält, beginnt mit den Sätzen: »Das Kreuz ist die Triebkraft der ›Reich-Gottes-Bewegung‹. Daß Christus für uns gestorben ist, das ist die Triebkraft. Wir sind dieser kostbaren Tat nicht wert. Von jener Liebe verfolgt, müssen wir Erben des Blutes und Todes Christi werden. Das Kreuz ist ein Stein des Anstoßes für Griechen, Juden, Japaner, Amerikaner und Engländer; uns aber, die wir zu Gott gehören, ist es die Offenbarung der Liebe.« Der Aufsatz schließt mit dem Aufruf: »Wir müssen wie Aquila und Priscilla von Stadt zu Stadt, von Dorf zu Dorf gehen und uns durch unserer Hände Arbeit ernähren, während wir die Frohe Botschaft durch das Land tragen. Wenn wir das fertigbringen, ist der Sieg Jesu in Japan nahe.«

Als ein in der Kreuzesliebe Gegründeter suchte Kagawa die Liebe in ihren verschiedenen Abstufungen. Ziel aller irdischen Liebe war für ihn aber die Kreuzesliebe, die sich auch Wunden schlagen ließ. Das Kreuz allein stand daher im Mittelpunkt seiner Verkündigung und seines Tuns. Allein in dieser Liebe sind Heil und Heilung.

Wie sehr wir alle diese Heilung benötigen, lassen die beiden folgenden Zitate von Kagawa erkennen: »Ich möchte unsere Gefängnisse in Krankenhäuser umwandeln. Aber zu allererst müßte man die gegenwärtige, den Fluch verbreitende Gesellschaft selbst in ein solches Krankenhaus bringen. Die Gesellschaft von heute ist geistig krank.« – »Die Banken, die Armee, die Tabakläden, die Salons, die Prostituiertenviertel, die Häuser der Geishas, die Zeitungen – zeigt nicht jede dieser Erscheinungen eine geistige Krankhaftigkeit? Die Gesellschaft selbst hat heute einen verbrecherischen Zug. Sie gleicht einem Irrsinnigen, der an seinem Irrsinn selber schuld ist. Nur Gott und seine Heilkunst kann sie heilen.«

Erst dann, wenn eine bejahende Liebe im Menschen erwacht, sieht Kagawa die folgende Entwicklung des Menschen voraus: Zunächst steht er ohne Selbstbewußtsein ganz unter dem Eindruck der Allmacht der Natur: »Alles war Schicksal, das ihn (den Menschen) unter ein grausames Joch zwang.« Auf dieser Stufe gibt es schon wechselseitige Hilfe, ähnlich wie bei den Bienen und Ameisen im Tierreich.

Paulus zeigt in Römer 5, welchen Weg die Liebe gehen muß: »Für uns ist Jesus gestorben, als wir noch Sünder waren.« Entsprechend sorgt solche stellvertretende, sich bewußt opfernde Liebe für Waise, Alte und sogar Fremde. Die Kreuzesliebe ist nicht nur wechselseitige Nachbarschaftsliebe oder

Freundlichkeit, sie rettet auch Ausgestoßene und Amoralische. So ist vergebende Liebe die Grundlage für die Schaffung einer neuen Welt, und das heißt zugleich des ganzen Kosmos. Jesu Gebot der Liebe gilt nicht nur für die Menschen, sondern auch für die gesamte Tier- und Pflanzenwelt, die durch den Raubbau des Menschen in Gefahr steht, vernichtet zu werden.

Stellvertretende Liebe ist ein vielen noch verborgenes Grundgesetz, das aber seit Jesus gilt und von uns im Glauben zu übernehmen ist.

Am Bild der sich opfernden weißen Blutkörperchen macht Kagawa deutlich, daß zu jeder Heilung Blutopfer nötig sind. »In den Naturgesetzen gibt es einen Vorgang der Heilung durch Opfer. Wenn dem Körper etwas Ungewöhnliches widerfahren ist und in einem Teil von ihm Gift festsitzt, versammeln sich an dieser Stelle Scharen von weißen Blutkörperchen und kämpfen um das Leben. Durch ihren Tod machen sie den Körper gesund. In der gleichen Weise gibt es ein göttliches Gesetz für die Heilung geistlicher Verwundungen. Jesus wußte darum und gab uns die Religion der Erlösung...«

»Blut hat eine dreifache Kraft: Die der Ausstoßung von Unsauberkeit, der Heilung und Erneuerung, des Neuaufbaus zerstörter Körperteile.«

»Liebe aber tut ein Gleiches wie Blut.« Kagawa versteht die Menschheit als einen Gesamtorganismus, als einen Leib, der durch die Sünde verwundet ist. Geheilt werden kann diese Wunde der Menschheit, unter der jeder einzelne leidet, allein durch freiwilliges Blutvergießen.

Jesus stellt sich bewußt diesem Plan Gottes, daß nur erlösende Liebe heilen und erneuern kann. Dies aber bedeutet Hingabe des Blutes. So wie Mose in der Wüste eine Schlange erhöht hat, so ließ sich Jesus auch erhöhen ans Kreuz. »In Gethsemane ging er diesen Opferweg in voller Bejahung. Etliche sagen, ein Gott der Liebe sollte solche Opfer nicht nötig haben; aber ich glaube, daß ... Gott das Blut der Erlösung verlangte, und Jesus selbst sagte: ›Dein Wille geschehe, wenn Du meines Lebens bedarfst, Herr, ich opfere es!‹« Jesus trat in den Bereich des bewußten Gottes-Willens, oder, wie Kagawa auch öfter sagte, in das »Gottes-Bewußtsein« ein.

Das Blut, das Jesus vergoß, war der einzige Weg, die Menschheit zu retten. »Das Vergießen seines Blutes war der Höhepunkt seiner Liebe. So kommt es dahin, daß sein Blut uns rettet...« – »In Jesus ist eine Kraft, die ewig reinigt, Schäden ausbessert und das Verderbte in Ordnung bringt.«

Erlöste Menschen haben ganz in der Kreuzesliebe zu stehen und sollen bereit sein, ihr ganzes Leben zum Opfer zu geben. Nur unter dieser Voraussetzung ist es möglich, eine neue Lebens- und Gesellschaftsordnung zu errichten. Was bedeutet dann schon der Tod des einzelnen, wenn er damit den Weg zu Gottes Reich ebnet? So sieht Toyohiko Kagawa den Tod stets als etwas Positives, nicht als Feind Gottes oder als Sold der Sünde. Der Tod ist für ihn die Möglichkeit, in das Leben der *Auferstehung* einzugehen. »Der Tod existiert nicht wirklich; er ist nur ein Schritt aufwärts, dem Leben entgegen... Liebe ist stärker als der Tod. Das lehrt das Kreuz... Liebe besiegt den Tod.«

»Ich widersetze mich allen Einrichtungen, allen Regierungen, Künsten und Religionen«, so hat er in seinem Buch »Liebe als Lebensgesetz« geschrieben. »Ich protestiere gegen jede sogenannte Kirche, die den Glauben predigt, der aber die Liebe fehlt. Ich widerspreche allen Politikern, die sich auf Gewalt verlassen und nicht die Macht der Liebe kennen. Wenn ich deswegen verhaftet und gefesselt werde, will ich lieber schnell durchs Richterschwert umkommen, als langsam in der liebeleeren Wüste verdursten.«

Von der Kraft des Gebetes

Welche Bedeutung das Gebet für Kagawa hatte, drücken die folgenden Zitate aus: »Ich bekenne, daß ich ein Mann des Gebets bin. Natürlich gibt es Zeiten, in denen ich darüber nachdenke, ob es vom Standpunkt der Philosophie aus gut oder schlecht sei zu beten. Aber ich bete nicht, weil ich es vom philosophischen Standpunkt aus soll. Ich bete, weil ich ein lebendes Wesen bin. Ich bin geschaffen, um zu werden. Ein werdendes Wesen hat gewisse Erfordernisse. Diese Erfordernisse bringe ich vor den Herrn des Lebens. Das heißt für mich ›beten‹.«

»Ich bete zu Gott um alle Dinge. Aber ich bete nicht einfach für mich selbst. Ich bete, daß Gottes Arbeit in der Welt vollendet werde. Der Prophet Jeremia sagte, daß es auf Gottes Ehre selbst zurückfalle, wenn er sein Gebet nicht erhöre. Das drückt genau meine eigenen Gefühle aus.« – »Ich bringe meine Bitte vor Gott. Diese Bitte tue ich, indem ich meine Seele ganz hinströme vor ihm. Ich glaube, daß Gott, ohne zu zögern, diese Gebete erfüllt, denn ich bete nicht für mich selbst. Wenn ich die Erfüllung meiner Gebete nicht sehe, bin ich überzeugt, daß Gott dieses

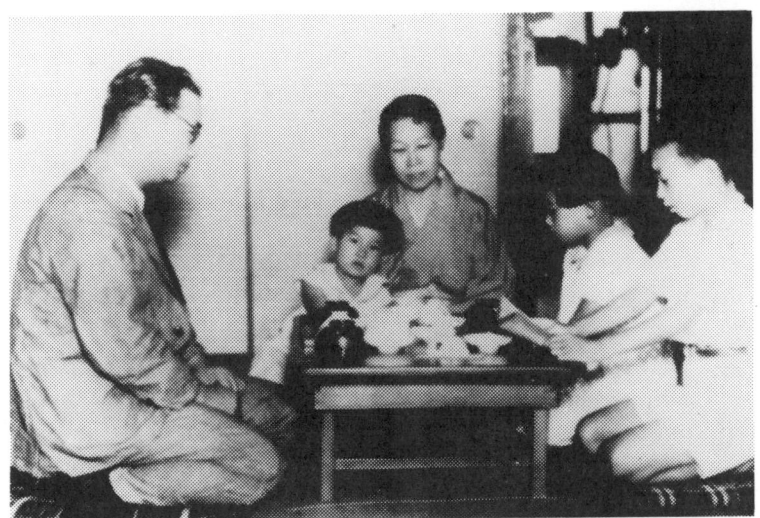

Morgenandacht im Hause Kagawa (v. links: Toyohiko, Umeko, Haru, Chiyoko, Sumimoto)

Anliegen zurückgestellt hat. Das Gebet ist ein wesentlicher Teil meines Lebens.«

Selbst als Toyohiko Kagawa von Krankheiten gezeichnet war, bewältigte er jeden Tag eine Überfülle an Arbeit. Jeden Morgen nahm er sich zwischen vier und fünf Uhr die Zeit zur innigen Versenkung in Gebet und Meditation. In dieser stillen Stunde vor Tagesanbruch lag wohl das Geheimnis seiner Kraft, die Quelle für seine rastlose Tätigkeit. Wie Gandhi wählte er die Zwiesprache mit Gott zu dieser frühen Stunde, ehe er sich den Aufgaben des Tages stellte. Kagawa verglich das Gebet einmal mit einem Telefongespräch: »Wenn wir den Hörer abnehmen, fragen wir uns bisweilen: Werde ich Anschluß bekommen? Ich erinnere mich gut, wie fremd mir alles vorkam, als ich zum ersten Mal das Telefon benutzte. Gott antwortet nun nicht so selbstverständlich wie das Fräulein vom Amt, das sich meldet, um die gewünschte Anschlußnummer zu erfahren.«

Das *ganze* Weltall ist Gottes Antwort. Kagawa verweist auf das Alte Testament, denn es sei der »kristallisierte Niederschlag von Tausenden erhörter Gebete.« – »Dreiundzwanzigmal heißt es in den Evangelien: Jesus betete ... Sein ganzes Leben war ein ständiges Gebet.« Kagawa meint, die Macht des Gebetes ist so groß, daß der Mensch ihr immer wieder erliegt, selbst dann, wenn er zweifelt, daß Gott ihn erhören würde.

In seinem morgendlichen Gebet horchte er auf die Weisungen des Herrn. Er selbst sagte dazu: »Um die Stimme Gottes zu hören, müssen wir vor ihm ganz still werden. Im täglichen Leben des Menschen ist dies etwas vom Wichtigsten. Wenn wir lauschen, wird Gott zu uns sprechen in einer ihm eigenen Sprache.« An Kagawas Arbeit ist bewundernswert, daß er niemals die lebendige Beziehung zu dem Urgrund allen Seins, zu Gott, verloren hat. »In Jesus liegt das Geheimnis eines erfüllten Herzens inmitten einer bösen Welt. Wenn wir unsere Hände im Waschzuber untertauchen oder die Kohlen im Ofen mit dem Blasebalg anfachen oder endlose Zahlenreihen am Stehpult schreiben oder der Sonne ausgesetzt im Schlamm der Reisfelder versinken oder uns vor einem Schmelzofen mit einer

Hitze von 1 600 Grad befinden – wenn wir in all diesen Situationen nicht dasselbe geistliche Leben führen wie in der Stille eines Klosters, dann wird die Welt nie gerettet werden.«

Sein morgendliches Gebet steigerte sich in einzelnen Stunden bis hin zur mystischen Versenkung. Er selbst beschreibt diese Erfahrungen wie folgt: »Wenn ich ruhig, in Meditation versunken, dasitze und sinnend vor mich hinblicke, strömt in seliger Verzückung himmlische Wonne auf mich hernieder, und ich trinke aus dem immer fließenden Quell von Gottes Nektar.« – »Gottes Liebe ist stärker als die Liebe eines Liebenden. Sein Licht ist meine Speise. Seine Reinheit ist die Luft, die ich atme. Obwohl ich sein Antlitz nicht sehe, spiegelt sich die Spitze seines Zeigefingers in meinem Auge.«

Diese Ekstase, ein solcher Zustand der Entrückung und Verzückung war es wohl auch, die ihn zu folgenden Worten hinreißen ließ: »Die ganze Schöpfung ist mein. Mein Leben dringt durch zu dem Herzen eines jeden geschaffenen Dinges. In der Küche ist es eins mit dem Geist des Feuers, des Wassers und des flammenden Rostes. Alle Dinge sprechen mich an. Ich bin mit allem verschmolzen. – Fuji und die Japanischen Alpen sind bloß Falten auf meinem Antlitz. Der Atlantik und Pazifik sind meine Gewänder. Die Erde bildet einen Teil meines Fußschemels. Ich halte das Sonnensystem in meiner Hand. Ich streue Millionen von Sternen über den Himmel. Die ganze Schöpfung ist mein. Gott warf sie mir zu, als er mir Christus gab.«

Trotz dieser Mystik ist Kagawa kein weltfremder Träumer gewesen. Er stand mit beiden Füßen fest auf der Erde. Seine einzige Leidenschaft war der selbstlose Dienst für andere.

Die Kraft für seine harte Arbeit bekam er durch das tägliche Morgengebet. Wesentliches an Kagawa würden wir nicht verstehen, wenn wir nicht um sein inbrünstiges Beten wüßten. Alle seine Schriften sind voll von geformten oder weniger geformten Gebeten. Er selbst schreibt: »Weder Buddha noch K'ung-tse haben uns beten gelehrt. Christus hat es getan. Das Gebet hat eine wunderbare Macht, zu erreichen, was Gott will, mag es auch noch so unerreichbar scheinen. Willst du – wir müssen's! – frömmer werden? Dann bete! Du liest die Bibel. Mögest du darin Christus als den Weg, die Wahrheit und das Leben finden! Mögest du Frieden in Christus finden, der in deinem Herzen leben möchte. Mit Christus meine ich Gottes Liebe, wie sie sich in Christus kristallisierte. Ich mache keine Götzenbilder von Christus; ich wünsche die Liebe Gottes zu finden, wie sie sich in Christus offenbart.«

Kagawa wählte die einfache Sprache des Volkes, um von allen verstanden zu werden. Bei seinen Reden strahlten seine Augen Liebe aus. Im Raum breitete sich Freude aus.

Diese einzigartige Freude aus der Tiefe des Gebetes ist es auch, die ihm immer wieder neue Kraft zum Schaffen schenkte, die aber nicht nur Kagawa, sondern die gesamte Christenheit braucht. »Um die Stimme Gottes hören zu können, müssen wir vor ihm ganz stille werden... Gott ist lauter Licht. Obwohl alles um mich in Dunkel gehüllt ist, strahlt in der Kammer meiner Seele Gottes ewiges Licht. Solange er mir leuchtet, klage ich nicht darüber, den langen Tag hindurch in der Dunkelheit sitzen zu müssen. Meine Gesundheit ist dahin! Mein Augenlicht ist verloren... Schmerzen, durchbohrend wie höllisches Feuer, fahren über mich dahin, aber selbst im Schmelzfeuer der Hölle umschließt mich noch Gottes Barmherzigkeit, für die ich alle Reichtümer der Welt nicht eintauschen möchte...

Mein Gebet hält an! Mein Gebet hält an! Tagtäglich hält mein Gebet an! Hinter meinen erblindeten Augen hält mein Gebet an! Sei der Himmel heiter oder trübe, mein Gebet hält an! Da es mir das Geschenk des Lebens wurde, muß ich beten, beten für Gottes Reich, beten für die ganze Welt. Daß ich verurteilt bin, im Dunkeln zu wohnen, bietet keinen Entschuldigungsgrund dafür, meiner Seele zu gestatten, sich nur den um das eigene Ich kreisenden Betrachtungen hinzugeben... Das ist's! Gott ist es, der mich wiedergebären will. Hier liegt der Grund für mein langes Blindsein. Darum muß ich so mühevoll eingeschlossen sein. Ich soll geboren, von Gott geboren werden! Gott setzt auf mich noch größere Erwartungen. Ich darf in Schmerz und Leid

nicht verzweifeln. Gott trägt mich in seinem Mutterschoß...
Hier auf Erden leben wir ein Leben, tief im Mutterschoß, wie ein
Küklein, das sich in der Eierschale bildet. Noch ist die Dämme-
rung weit. Laßt uns ein Weilchen unsere Flügel zusammenfal-
ten, unsere Gelenke einziehen, unsere Augen schließen und
des Allmächtigen gewaltiges Werk betrachten.«

Wie wichtig Kagawa die Anbetung Gottes und das vollkom-
mene Vertrauen zu Gott sind, läßt sich aus seiner Auslegung
des Vaterunsers nach zwei Seiten hin erkennen: zum einen wird
die Beziehung zu Gott, zum anderen die Beziehung zu den
Menschen deutlich: »Der Mensch ist geboren, um Gottes Herrlichkeit zu offenbaren. Darum muß er danach trachten, alles
selbstsüchtige Verlangen zu überwinden. Vielleicht soll einer
unter uns zu einem Edelstein in Gottes Krone werden; vielleicht
auch nicht mehr als ein verborgener, aber notwendiger Teil
seines Königskleides. Jeder von uns hat aber seine genau
festgelegte Aufgabe. Allein wenn wir anbeten mit dem reinen
Verlangen, für die Erfüllung unserer Aufgabe tauglich zu sein,
können wir von Beten sprechen. ›Bei der Bitte um das Kommen
des Reiches Gottes nur an Japan und China zu denken, ist
ebenso unzureichend wie ein Gebet nur in bestimmten Augen-
blicken, etwa in Stunden der Gefahr.‹ Die ganze Welt soll Gottes
Reich werden, und ›wir müssen bitten, daß der Wind des
Geistes Gottes immer und überall wehe. Freilich gibt es Augen-
blicke, wo der Heilige Geist aus dem Herzen eines Menschen
entweicht‹... Aber Jesus hat gebetet, daß Gott uns nicht in
unseren Sünden lasse, sondern uns von ihnen errette.«

»Ferner müssen wir bereit sein, einander Sünden zu vergeben. Es gibt in uns Sünden, von denen andere nichts wissen;
auch die können vergeben werden. Jesus hat uns die Sünden
vergeben, als er am Kreuz starb... Es ist falsch zu glauben, daß
wir einen Priester brauchen, der für uns bittet. Wenn wir nur
sagen: ›O Gott, vergib mir und hilf mir, nicht mehr zu sündigen‹, dann ist auch das schon ein Gebet.«

In all seinen Predigten und Straßenzusammenkünften hielt
Kagawa die Menschen immer wieder zum Gebet an. Niemand

sollte wie er einst heimlich unter der Bettdecke beten müssen. »Im Christentum kann jeder frei für sich beten. Es ist wohl gut, in der Einsamkeit zu beten, aber ebenso wichtig ist es auch, daß wir gemeinsam beten. Jesus hat gesagt: ›Wo zwei oder drei versammelt sind in meinem Namen, da bin ich mitten unter ihnen‹ (Matth. 18, 20).«

»Wenn du mit der Welt zufrieden bist, wie sie heute ist, dann bedarf es keines Gebetes«, schrieb Kagawa. »Aber wenn du wirklich Frieden willst und wirkliche Menschlichkeit, in der die Menschen das erlangen, wofür sie bestimmt sind, dann gibt es viele Probleme, um deren Lösung wir beten müssen. Wir müssen für jedes Volk beten – für die Menschen in Afrika, in Indien und auch für unsere Länder China und Japan. Wir müssen für den Weltfrieden beten...«

Die Lehre vom Kreuz

In seinen Predigten und Reden stellt Toyohiko Kagawa die Botschaft vom Kreuz in den Mittelpunkt, dies aber nicht nur im Sinne der Orthodoxie odes des Pietismus. Die Orthodoxie hat eine Lehre vom Kreuz Christi entwickelt, der Pietismus dagegen hat das Heil des einzelnen im Auge. Nach Kagawa muß die Bedeutung des Kreuzes in noch viel umfassenderer Weise als bisher erfahren werden; denn sie beinhaltet nicht nur das Heil des einzelnen, sondern auch das der Lebensgemeinschaft aller Völker. »Das Evangelium bedeutet Errettung. Im 19. Jahrhundert verstand man darunter meist individuelle Errettung. Ich verstehe Christus so, daß darunter auch wirtschaftliche, politische, physische, psychologische und soziale Errettung gemeint ist – eine allumfassende Errettung durch den ›sozialen Aufbau der Gesellschaft nach dem Prinzip des Kreuzes‹, durch ›Revolution der Gesellschaft‹.«

Wie hoch steht dieser Anspruch über der Lauheit so vieler Christen, auch über der selbstsüchtigen Sorge nur um das eigene Seelenheil! Welch ein Gedanke, dies zur Grundlage einer neuen sozialen Ordnung zu machen! Dieser japanische Christ hat etwas davon erkannt, daß Gottes Heilsplan nicht nur die Seele einzelner Menschen, sondern auch die ganze Welt in ihrer universellen Bedeutung erfaßt. Ihm war es wirklich ernst mit dem Bekenntnis: »In keinem andern ist das Heil, ist auch kein andrer Name unter dem Himmel den Menschen gegeben, darin wir sollen selig werden« (Apg. 4, 12).

Von einem Glauben beseelt, der Berge versetzen kann, ließ Kagawa es nicht an Angriffen gegen die Kirche fehlen, die, wie er sagte, das Kreuz bereits vergessen und sich in der Zerstreuung und Vereinzelung verloren habe und dafür von Gott bestraft werden wird. »Ihr Christen! Schande über euch! Ihr errichtet große und kostbare Kirchen und versäumt es, dem Mann zu folgen, der in einer Krippe geboren und in eines anderen Mannes Grab beerdigt wurde.« An anderer Stelle sagte er: »Im Schatten der Kathedralen befinden sich die Elendsviertel. Nichts ist so kläglich wie die Religion der prunkvollen Gebäude, der Kathedralen und Tempel. Es wäre gut, wenn die Kirchen und Tempel der Welt bis auf den Grund zerstört würden. Dann würden wir vielleicht verstehen, was Religion wirklich bedeutet. Wahre Religion muß alle Bereiche des Lebens durchdringen, Schlafzimmer, Studierzimmer, Straßen, Fabriken, Erfindungen, unsere Ausflüge, unsere Arbeit, unsere Erholung, unsere Mahlzeiten, ja selbst unseren Schlaf.«

Für Toyohiko Kagawa war Jesus mehr als ein Sozialreformer, nämlich der Erlöser schlechthin. Er wußte aus eigenem Erleben, daß der einzige Trost für ein angefochtenes Gewissen die Botschaft ist: »Christus ist für mich gestorben.« Er sah im Kreuz die große Heilstat Gottes und das alle Christen verpflichtende Opfer Jesu Christi. Wenn die Kirche nicht eine Kirche des Kreuzes sei, dann sei sie überhaupt keine.

Ist aber das Kreuz nicht auch die Offenbarung der satanischen Macht der Sünde? Zeigt sich hier nicht das Böse in seiner ganzen Brutalität? Davon lesen wir bei Kagawa überraschenderweise wenig. Obwohl er selbst menschliche Bosheit am eigenen Leib zur Genüge erfahren mußte, hatte er das Böse in seiner ganzen Tiefe wohl nicht erfaßt. Er rechnete bei seinen sozialreformerischen und missionarischen Plänen und Programmen weder mit der unheimlichen Macht des Bösen noch damit, daß der Mensch zur Auflehnung gegen Gott fähig sei. Letzten Endes glaubte er, wie er es dem Heidelberger Missionswissenschaftler Gerhard Rosenkranz gegenüber in Genf einmal ausgedrückt hat, daß durch selbstloses Opfer alle Menschen für Christus gewonnen werden können.

»Das Kreuz Christi ist das Mysterium der Weltgeschichte. Seitdem Jesus sein Leben am Kreuz geopfert hat, muß sich jeder mit dem Geheimnis des Kreuzes auseinandersetzen. Viele wissen, daß Mahatma Gandhi, der indische Held und Staatsmann, als Hindu in seinem Arbeitszimmer ein Kreuz hängen hatte. Auf die Frage, wen er für den Größten der Weltgeschichte hielte, antwortete er: ›Jesus!‹ Und wenn man ihn weiterfragte, warum er bei sich das Kreuz an die Wand gehängt habe, erwiderte er: ›Weil es den einzigen Weg weist, wie die indische Frage gelöst werden kann.‹« – »Je tiefer wir uns in die Wahrheit des Kreuzes versenken, desto klarer finden wir in ihr auch die einzige Lösung für die Probleme unseres eigenen Lebens.«

Das Kreuz bedeutete Toyohiko Kagawa auch eine Verpflichtung, die die Nachfolger Jesu für ihre Mitmenschen haben. Gibt es nicht in jeder Stadt ein Armenviertel mit Verbrechern, mit Dirnen und Zuhältern? Haben wir als Christen wirklich unsere ganze Kraft eingesetzt, um jenen Ausgestoßenen und Elenden den Rückweg in ein neues Leben zu ermöglichen? Vielleicht versagt unsere Kraft vor diesen schweren Aufgaben. Sie können auch nur gelöst werden, wenn sich jeder einzelne mit seinem ganzen Vermögen für ihre Lösung einsetzt.

Je stärker wir unsere soziale Verantwortung erkennen, desto tiefer empfinden wir, daß der Weg des Sich-Opferns für das Leben der Gesamtheit der höchste Weg ist. In Christus lebte dieses Wissen um seine Sendung in ursprünglicher Kraft. Darum brachte er sein Leben für die Sünden am Kreuz als Opfer dar.

Diese Tatsache des »Für-den-anderen-Sterben« ist ein uralter

Samuraigedanke. In vielen altklassischen japanischen Dramen ist immer wieder von Männern die Rede, die ihr eigenes Leben dem Opfertod anderer verdanken. Um Beispiele für diese Opferbereitschaft zu finden, braucht man allerdings nicht bis ins antike Japan zurückgehen. Hier sei nur an den Franziskanerpater Maximilian Kolbe erinnert, der im Konzentrationslager Auschwitz freiwillig für den Häftling Gajowniczek in den Hungerbunker ging. Aber nur durch das freiwillige Sterben Jesu hat auch ein solches Opfer Sinn. Das Weizenkorn kann keine Frucht bringen, wenn es nicht vorher in die Erde gesenkt wird und stirbt (Joh. 12, 24).

Toyohiko Kagawa erkannte auch, daß viele Menschen aus Verzweiflung unter ihren seelischen und körperlichen Lasten zusammenbrechen und sich aufgeben. Als einer, der vierzehn Jahre in Shinkawa gelebt hatte, konnte er schreiben: »Ich kannte einen Mann, der einen anderen getötet hatte und nun in endlosen Qualen lebte, weil er meinte, der Geist seines Opfers verfolgte ihn. Selbst als er freigesprochen worden war und die Menschen sich über diesen Fall beruhigt hatten, vergab ihm sein Gewissen nicht. Trifft man einen Mann wie jenen, so gibt es gar keinen anderen Weg, als ihm zu sagen: Du kannst ganz ruhig sein, denn Christus ist für dich gestorben! ... Christus starb nicht um irgendeiner theologischen oder philosophischen Lehre willen am Kreuz. Er ließ seine Liebe ausströmen als Antwort auf die Seufzer der Menschenseele. Wer dieses Werk Christi mit aufrichtigem Herzen, in schlichter Dankbarkeit und mit sanftmütigem Geist annimmt, kann erlöst werden. Wo gibt es sonst in der Geschichte noch einen, der über die Sünden der Menschen so tiefes Leid trug und sich danach sehnte, die Menschen zu retten? Weil Jesus ein tiefes Bewußtsein für die Sünde hatte, ein Bewußtsein, wie es nur Gott haben kann, hat er die Erlösung vollendet. Jemand, der an Gottes Erlösungswerk nicht teilnimmt, kann sich auch seiner Verantwortung vor Gott nicht bewußt sein. Er weicht ihr stets aus! Gelangt er aber zur Erkenntnis, daß auch er Verantwortung tragen soll, dann läßt sein Gewissen ihn nicht mehr zur Ruhe kommen. Von allen

Menschen auf der ganzen Erde hat nur Christus diese Erkenntnis in ihrer letzten Tiefe besessen und daher sagen können: ›Ich will die volle Verantwortung für alle Schuld auf meine Schultern nehmen!‹ Wir hören viel über beschwerte Gewissen. Können wir ihnen einen anderen Trost geben als den: Das Blut Jesu Christi leistet durch Gottes Gnade für alle unsere Sünden Genugtuung?«

Dieses Bewußtsein, durch Jesu Opfertod erlöst zu sein, muß nun aber in uns den Willen wecken, sich für die einzusetzen, die noch im Dunkel der Not und Verzweiflung leben. »Wir dürfen nicht meinen, daß Christi Blut für den einzelnen allein vergossen wurde; wir dürfen nicht nur an unsere eigene Erlösung denken, an eine Erlösung, die selbstsüchtige Vorteile bringt, die das Wasser (das auch dem Nachbarn dienen soll) auf das eigene Reisfeld ableitet. Unser Ziel muß die Erlösung der ganzen Gesellschaft, des ganzen Menschengeschlechts sein.«

Selbstlos wählte Toyohiko Kagawa für sein eigenes Leben den Weg des gekreuzigten Jesus. Sich selbst sah er immer als einfachen, sündigen, schlichten Jünger Jesu an. Von seinem Verständnis her war er nie presbyterianischer Pastor. Er lebte nach dem Wort Jesu: »Will mir jemand nachfolgen, der verleugne sich selbst und nehme sein Kreuz auf sich und folge mir« (Matth. 16, 24).

Was Kagawa im folgenden Zitat über das Kreuz sagt, beschreibt den Ursprung seines Handelns: »Es gibt in der ganzen Menschheitsgeschichte keine Persönlichkeit, die so wie Jesus die fleischgewordene Liebe war. Wahrlich, seine Person ist die Inkarnation Gottes. Darin liegt eine besondere Dynamik, die unübertroffen ist. Diese Liebe, die am Kreuz offenbar wurde, an dem Jesus starb, ist der entscheidende Faktor in der Weltgeschichte. Sie will die Kultur, die Kunst, die Moral, ja, alles beeinflussen. Nur diejenigen, die das in Christus gegründete Leben empfangen, seine erlösende Liebe ergriffen haben, können völlige Heilung für ihre Seele finden.«

So war das Kreuz Kagawas stärkste »Waffe«. Er war nicht zuerst Prediger und Evangelist, sondern ein »Spieler Gottes«, wie er sich selbst einmal bezeichnete. Das Kreuz hielt er mutig dem Militarismus entgegen, und der begann zu wanken. Inhaftierte das Militärregime Kagawa auch immer wieder, so besaßen die Verantwortlichen doch nie den Mut, ihn zu töten. Darum war es ihm möglich, einen Pazifismus zu leben, wie wir ihn bei Gandhi oder Dr. Martin Luther King wiederfinden. »Wenn andere sich der Tatsache rühmen, daß sie Zehntausende erschlagen und sich auf dem Schlachtfeld ausgezeichnet haben, so will ich mich dessen rühmen, daß ich nicht die Kraft habe, ein einziges lebendiges Wesen zu töten.«

In allen nur möglichen Lebensbereichen setzte er die Lehre vom Kreuz unerschrocken als Waffe ein: So in der Welt der Arbeit, in die er das Streikrecht und christliche Gewerkschaften brachte. Gegen die Zerstörung der Umwelt kämpfte er deshalb so stark, weil er davon ausging, daß eine Zerstörung der Natur die Vernichtung der Menschheit unmittelbar nach sich ziehen würde.

Kagawa ist nicht als Märtyrer gestorben, sondern hat gleichsam mit dem Kreuz in der Hand trotz des Pfahls in seinem Fleisch durchgehalten.

Doch soll nicht verschwiegen werden, daß er während seines Kreuzzuges auch an Grenzen stieß: So konnte er seine Ziele bei der Abschaffung des Analphabetentums in seinem Heimatland nicht verwirklichen, wenngleich er durch die Einführung von Abendschulen, einer Art Volkshochschule, und von Sonntagsschulen den dafür richtigen Weg einschlug. »Wenn ich unterrichte, möchte ich nicht, daß die Kinder mich als Vorbild ansehen. Wenn ich ein Kind forme, möchte ich etwas zustandebringen, was mir überlegen ist. Bis jetzt waren wir bei der Erziehung meist ganz zufrieden, wenn der Schüler wie der Lehrer wurde. Doch bei einer Erziehung, die sich als schöpferisches Handeln versteht, darf das Kind nicht in eine bestimmte Form gepreßt werden. Ich muß versuchen, in der Kindesseele etwas zu entdecken, das bisher noch unerkannt war. Es ist, wie wenn man eine Erzader aufschürft.«

Als Kagawa dem Amt des Tenno nach dem verlorenen

Zweiten Weltkrieg das Kreuz entgegenhielt, scheiterte er. Kaiser Hirohito wurde zwar durch die Amerikaner stark abgewertet, auch wenn sie auf eine Anklage gegen ihn vor einem Militärgericht verzichteten. Sie bestanden lediglich darauf, daß er im Staat fortan nur noch repräsentative Aufgaben ausübte und von seinem Göttlichkeitsanspruch abrückte.

Toyohiko Kagawa scheiterte auch am internationalen Kapitalismus, denn weiterhin diente dieser nur dem wirtschaftlichen Profit. Seinen Vorstellungen zufolge sollte das Kapital ein soziales Gut sein. Auch wenn die materielle Anhäufung toten Kapitals bis heute als alleiniger wirtschaftlicher Faktor gesehen wird, muß die Menschheit endlich erkennen, daß die schöpferische und arbeitende Kraft des Menschen, aber auch seine Opferbereitschaft und Liebe, weitaus wichtiger sind. Diese inneren Kräfte eines Volkes gesund und stark zu entfalten, muß erstes Ziel einer neuzeitlichen Volkswirtschaft sein.

Auch das Christentum erreichte bei allen Bemühungen Kagawas nicht die von ihm erhofften Ziele. Die Christen in Japan sind und waren stets eine verschwindend kleine Minderheit. Dies gilt noch heute, denn sie umfaßte nie mehr als ein Prozent der Gesamtbevölkerung. Auch die Wachstumschancen für die Zukunft werden als sehr gering angesehen.

Nachfolgend zitiere ich den japanischen christlichen Schriftsteller Shusako Endo, der in seinem Roman »Chinmoku« (»Schweigen«) den alten Jesuitenpater Ferreira enttäuscht folgende Worte seinem gefangenen Glaubensbruder Rodrigo sagen läßt, damit dieser, wie er selbst, des Überlebens wegen, den Fuß zum Zeichen des Abfalls auf das Jesusbild setzt: »Zwanzig Jahre habe ich in der Mission gearbeitet. Dabei habe ich nur eines erkannt, nämlich dies, daß dein und mein Glaube nach all den Jahren in diesem Land keine Wurzeln geschlagen hat... Dieses Land ist ein Sumpf. Bald wirst auch du es begreifen. Dieses Land ist ein unvorstellbar entsetzlicher Sumpf. Welche Setzlinge man auch in dieses Moorland setzt, die Wurzeln verfaulen. Die Blätter färben sich gelb und verwelken. In diesen sumpfigen Boden haben wir den Setzling namens Christentum gepflanzt... Nicht an unseren Gott glaubten die Leute zu jener Zeit[21]. Es waren ihre Götter, die sie anbeteten. Lange Jahre hindurch erkannten wir das nicht und waren überzeugt, daß viele Japaner Anhänger des Christentums geworden waren... Daher hat die Mission für mich den Sinn verloren. Der Setzling, den wir mitbrachten, verfaulte in diesem Sumpfland namens Japan, ehe wir uns versahen. Lange Zeit lebte ich hier, ohne davon Notiz zu nehmen.«

Dieses Zitat ist zwar auf die Christenverfolgung im 17. Jahrhundert gemünzt, aber das Dilemma aller christlichen Kirchen und der christlichen Missionen in Japan ist damit angedeutet. Es gibt in Japan einfach nur ganz wenig Anknüpfungspunkte für das Christentum. Das meint wohl der Schriftsteller Endo mit dem Begriff »Sumpf Japans«.

Der folgende Auszug aus einer Rede von Uchimura Kanzo vor christlichen Studenten im Jahre 1926 in Tōkyō, die lange Zeit vor der militärischen Niederlage Japans gehalten worden war, mag als Erklärung dafür gelten, warum die angelsächsische Mission selbst nach Kriegsende, als die japanische Volksreligion zutiefst erschüttert war, trotz hervorragender Bemühungen nur sehr geringe Fortschritte erzielen konnte: »...Ich glaube keinen Irrtum auszusprechen, wenn ich sage, daß die Japaner im allgemeinen ein sehr religiöses Volk sind. Man findet zwar auch unter ihnen Atheisten und Gleichgültige, aber nicht so viele wie bei den Amerikanern. Die japanischen Atheisten sind nicht als solche geboren worden, sie wurden es durch Europäer und Amerikaner oder durch die westliche Zivilisation... Die japanische Sprache besitzt kein Wort für Atheismus. Als diese Ideologie aus Europa und Amerika eingeführt wurde, mußten wir das Wort mit chinesischen Schriftzeichen wiedergeben. Jede japanische Familie hat ihren Schrein, und ihre Angehörigen stehen in täglichem Kontakt mit unsichtbaren Mächten und Personen. Außerdem glaubt jeder Japaner an die Existenz eines zukünftigen Lebens, ohne darin von christlichen Missionaren belehrt worden zu sein. Für Millionen japanischer Buddhisten ist ›Gosho‹ – das künftige Leben – das wichtigste

Lebensinteresse. Alle wünschen, an einen göttlichen Ort des Glücks zu gelangen. Zu diesem Zweck versuchen sie, in dieser Welt ehrlich und ehrenhaft zu leben...«

Um die christliche Botschaft den Japanern nahezubringen, müßten ganz neue Wege eingeschlagen werden, wie es Professor Yoshikazu Tokuzen anhand eines ganz alltäglichen Bildes zu beschreiben versucht: Japanische Kinder werden auf dem Rücken ihrer Mütter getragen. Das Kind empfindet hierbei den nötigen Schutz und Geborgenheit. In dem Zusammenhang weist Yoshikazu Tokuzen auf 2. Mose 33 hin, wo Mose zwar nur »hinter Gott hersehen darf«, aber trotzdem Gottes gnädige Zuwendung erfährt. So bedeutet Nachfolge Jesu Christi in seiner letzten Konsequenz nichts anderes als ein »Hinter-Jesus-Hergehen«. Wer aber hinter jemand hergeht, sieht nur dessen Rücken, nicht aber sein Angesicht. Ist nicht auch die reformatorische Theologie nichts anderes als die Entdeckung der »Rückseite Gottes«, das Wissen um die Geborgenheit in Gott? Damit spricht der Lutherforscher Tokuzen letztlich die theologia crucis an, die am Kreuz die grenzenlose Liebe Gottes zeigt.

Kagawa hat gelebt, was er geglaubt und bezeugt hat. Das macht ihn auch für uns heute noch so bedeutsam.

Erklärung der Fußnoten

1) Tenno = Himmelsherr

2) Daimyo = Bezeichnung für die dem Ritterstand angehörenden Großgrundbesitzer. Sie hatten in ihren Gebieten die Gerichtshoheit und übten sowohl die Zivil- als auch die Militärverwaltung aus.

3) Spieluhr

4) Shogun: Amtstitel des Heerführers

5) Anläßlich der 400. Wiederkehr der Landung von Franz Xavier legte man in Nagasaki einen Park an (1949) und 100 Jahre nach der Heiligsprechung der 26 Märtyrer (1962) schuf Funakoshi Yasutake ein Bronzerelief, das die 26 in Lebensgröße darstellt.

6) Dieses Ereignis diente James Clavell als Vorlage für seinen Roman »Shogun«.

7) »Deus« ist auch heute noch das japanische Wort für den Christengott.

8) Kami = Götter

9) Geisha = Ausgebildete Gesellschafterin, die zur Unterhaltung der Gäste in japanischen Teehäusern o. ä. beiträgt.

10) Shinto (Shintoismus) = Japananische Nationalreligion, von Buddhismus und Konfuzianismus beeinflußter Natur- und Ahnenkult.

11) Das Meiji-Gakuin, das heute noch besteht, wurde vom protestantischen Missionar John C. Hepburn und der »Japan Christian Church« im Jahre 1872 gegründet.

12) Paria = Von der menschlichen Gesellschaft Ausgestoßener, Entrechteter.

13) Rikscha = zweirädriger Wagen – von einem Menschen gezogen –, der zur Beförderung von Personen dient.

14) gemeint ist wohl August Hermann Francke

15) Heiliger Franziskus in der älteren Ordensregel

16) Die Vorlage für diesen Bericht über Kagawas Deutschland-Besuch waren Ausgaben des Sonntagsblatts der Methodistenkirche »Der Evangelist« vom 12. 3. 1950 und 7. 5. 1950.

17) aus: Auflehnung und Opfer

18) »Tenno heika banzai« (= Lange lebe der Kaiser)

19) Damals zerschlug jedesmal ein starker Sturm die übermächtige Flotte der Chinesen, als sie Japan zu erobern versuchten

20) Kamikaze = göttlicher Wind

21) Gemeint ist die Zeit der ersten Jesuitenmission, als das Christentum freundlich aufgenommen wurde und die Zahl der Anhänger rege wuchs.

Verwendete Literatur

»Kagawa – Ein moderner Japaner in der Nachfolge Jesu«, Werner Reininghaus, Evang. Missionsverlag, Heft 37/38

»Taten in Gottes Kraft – Toyohiko Kagawa, sein Leben für Christus in Japan«, Carola Barth, Eugen Salzer Verlag, Heilbronn, 1937

Ökumenische Profile, II. Band, G. Rosenkranz, Evang. Missionsverlag, Stuttgart 1963

»Auflehnung und Opfer«, Toyohiko Kagawa, D. Gundert Verlag, Stuttgart

»Ein Weizenkorn«, Toyohiko Kagawa, Baseler Missionsbuchhandlung, Basel, Evang. Missionsverlag GmbH Stuttgart, 1954

»Ein Stück Granatapfel«, Toyohiko Kagawa, Ostasien Mission Berlin, 1933, übersetzt von K. Weidinger im Allgem. Evang.-Protestantischen Missionsverein

»Weg im Zwielicht«, Toyohiko Kagawa in Zeitwende: 14., 1937/38, 15., 1938/39, erschienen in Hamburg

»Ein Spieler für Gott«, von Toyohiko Kagawa, im Claudius Leseheft, Nr. 12

»Kagawa«, William Ayling, Harber Brothers, New York/London

»Saint in the Slums«, Cyrill Davey, Christian Literature Crusade, Fort Washington

Toyohiko Kagawa, Ventennial Volume 1–4

»The New Jerusalem«, George B. Bikle, jun., University of Arizona

»The Japan Christian Yearbook 1968«, Meiji Centennial Issue, Kyobunkan, 1968

Kobe Shinbun

Mu no Tetsugaku, Toyohiko Kagawa

Eine Anzahl bisher unveröffentlichter Notizen und Original-Unterlagen aus dem Besitz von Frau Kagawa-Momii, der in den USA lebenden Tochter Kagawas, sind mit deren Genehmigung für dieses Buch vom Autor aus dem Englischen übersetzt worden.

Im gleichen Verlag sind erschienen:

Friso Melzer
Versenkung oder Begegnung
Der Gegensatz zwischen christlicher und nichtchristlich-asiati-
scher Meditation – Eine Entscheidungshilfe –
80 Seiten, Pb., Bestell-Nr. 12 394

Das Wort »Meditation« ist zu einem schillernden, ja umstritte-
nen Begriff geworden, weil eine christlich orientierte Meditation bei uns vernachlässigt wurde. Ein Vakuum ist so entstanden, in das asiatische Hochreligionen eingedrungen sind. Der
Sprachforscher Dr. Friso Melzer erklärt die Unterschiede zwischen christlichem und nichtchristlichem Meditationsver-
ständnis.

Chinesischer Christenrat
Die christliche Lehre
erklärt für alle Anfänger im Glauben
76 Seiten, kart., Bestell-Nr. 37 919

Was an diesem Katechismus fasziniert: Hier wird nicht mit
vielen Worten beschrieben und umschrieben, was christlicher
Glaube ist. – Auf die 100 Katechismusfragen wird weitgehend
mit Bibeltexten geantwortet.

Margaret Jank
Wie auf einem andern Stern
Mission unter den Yanoamö-Indianern Venezuelas
223 Seiten + 8 Bildseiten
Pb., Bestell-Nr. 12 386

Diese fesselnde Missionserzählung erlaubt uns einen unmittelbaren Einblick in die Aufgaben, Hoffnungen, Ängste und Siege
der Missionare Margaret und Wally Jank. Sie setzten ihr Leben
unter Menschen ein, von denen sich viele noch vor Jahren für
die einzelnen Bewohner der Erde hielten: den Yanoamä-India-
nern Venezuelas. – Eine hinreißende, wahre Erzählung.

Traudel Witter
Mein schwarzer Bruder Zelo
Erlebte Geschichten aus dem Kwango-Zaire
140 Seiten, kart., Bestell-Nr. 13 317

Die Autorin schildert afrikanischen Alltag im Kwango-Zaire, ein Gebiet, das teils durch Savannen und teils durch Urwald geprägt ist. Sie fängt mit ihrer knappen und unmittelbaren Darstellung afrikanische Atmosphäre ein. Ihre Gestalten ziehen an uns als ganz normale Menschen vorüber, aber jeder in seiner besonderen Situation, ob sie von Freude und Leid, Liebe und Haß, Glaube und Unglaube bestimmt ist. Ihr Schicksal geht auch uns zu Herzen.

Alfred Otto Schwede
Sein Lied war Islands Trost
Die Geschichte des Pfarrers Hallgrimur Pjetursson
212 Seiten, kart., Bestell-Nr. 13 279

Jeder isländische Christ kennt und schätzt ihn: Hallgrimur Pjetursson. Er lebte im 17. Jahrhundert; aber noch heute wird Island an diesen Trost- und Glaubenssänger erinnert, wenn der Rundfunk während der Karwoche Abend für Abend seine Passionsgedichte sendet. Er ist für sein Volk, was Paul Gerhardt den deutschen Protestanten bedeutet: Ein Dichter, der das Zeugnis der Bibel in einprägsame Reime brachte und mit seinem Leben bewies, daß sein Zeugnis echt war.

Karl Rennstich
**Handwerker-Theologen und
Industrie-Brüder als Botschafter des Friedens**
Entwicklungshilfe der Basler Mission im 19. Jahrhundert
208 Seiten, Pb., Bestell-Nr. 12 358

Die Arbeit der Äußeren Mission wurde schon sehr früh in zweifacher Hinsicht verstanden; Verkündigung des Evangeliums einerseits und soziales Handeln andererseits. Die meisten

Missionare verdienten eine doppelte Berufsbezeichnung: Sie waren Handwerker-Theologen, Industrie-Brüder oder Missions-Agronomen. Kenntnisreich und faszinierend schreibt der Autor über Missionsgeschichte einmal aus diesem Blickwinkel.

Helmut Ludwig
Rebellen, Christen und Taifune
Unterwegs auf den Philippinen
160 Seiten + 8 Bildseiten, kart.
Bestell-Nr. 13 247

Das Insel-Archipel der Philippinen mit seiner unglaublichen Fülle von Kontrasten läßt der bekannte Autor wie einen bunten Film am Leser vorüberziehen.

Helmut Ludwig
david livingstone stop
verschollen in afrika
120 Seiten mit 11 Zeichnungen
kart., Bestell-Nr. 13 294

Tagebuchaufzeichnungen dienten als Vorlage für diese spannende Biographie über den Forscher, Arzt und Missionar. Mit schriftstellerischem Geschick zeigt der Autor, was Glaube und Hoffnung um Christi willen für die Mitmenschen und die Wissenschaft zu vollbringen vermögen.

EVANGELISCHER MISSIONSVERLAG
IM CHRISTLICHEN VERLAGSHAUS GMBH,
STUTTGART